WULI JIAOXUE DE DUOWEI SHIJIAO TANJIU

物理教学的
多维视角探究

董兰凯 于际奎 张忠娟 ◎著

中国出版集团
中译出版社

图书在版编目(CIP)数据

物理教学的多维视角探究 / 董兰凯，于际奎，张忠娟著. -- 北京：中译出版社，2024.6. -- ISBN 978-7-5001-7833-0

Ⅰ. G633.72

中国国家版本馆 CIP 数据核字第 2024HN8596 号

物理教学的多维视角探究
WULI JIAOXUE DE DUOWEI SHIJIAO TANJIU

著　者：董兰凯　于际奎　张忠娟
策划编辑：于　宇
责任编辑：于　宇
文字编辑：田玉肖
营销编辑：马　萱　钟筏童
出版发行：中译出版社
地　址：北京市西城区新街口外大街 28 号 102 号楼 4 层
电　话：（010）68002494（编辑部）
邮　编：100088
电子邮箱：book@ctph.com.cn
网　址：http://www.ctph.com.cn

印　刷：北京四海锦诚印刷技术有限公司
经　销：新华书店
规　格：710 mm×1000 mm　1/16
印　张：11.25
字　数：180 千字
版　次：2025 年 3 月第 1 版
印　次：2025 年 3 月第 1 次印刷

ISBN 978-7-5001-7833-0　　定价：68.00 元

前　言

　　随着社会的快速发展和科技的迅速进步，传统的物理教学模式已经无法适应学生现代的需求。传统的物理教学往往过于注重知识传授，而缺乏对学生综合素养的培养，这在一定程度上制约了学生的全面发展。因此，有必要从不同的视角重新审视物理教学，寻求更加灵活、有效的教学策略，以更好地激发学生的物理学习兴趣和潜能。本书旨在探讨物理教学的多重维度和视角，从理论、核心素养、多元方法、创新思维、有效设计、实践探究等不同视角出发，深入研究如何提高物理教学的效果和吸引力。

　　本书通过理论分析、案例研究以及实际教学经验分享，展示了如何更好地培养学生对物理学的兴趣和理解，以及如何应用新兴技术和教学方法来提升课堂体验，力求为教育工作者、学生和研究者提供深入了解物理教育的资源，促进物理教学领域的不断创新和发展。本书既有理论的探讨，又有实践的案例分析，使读者能够快速定位所需内容。此外，本书还采用简洁明了的语言，力求让复杂的理论和概念更加易于理解和接受，使读者能够轻松掌握其中的要点，从而更好地指导实际教学工作。

　　多维视角的物理教学意味着将物理学科与其他学科、实践经验和生活场景结合起来，以提供更丰富、更深入的学习体验。此外，多维视角的物理教学也倡导通过多种教学手段和资源来激发学生的学习兴趣和提高他们的学习效果。物理教学的多维视角探究旨在打破传统教学的束缚，为学生提供更丰富、更深入的学习体验，培养学生的跨学科能力和实践应用能力，促进其全面发展和创新思维。

作者

2024 年 4 月

目　录

第一章　理论视角下的物理教学

第一节　物理的意义与重要性分析

一、物理的意义

"物理作为自然科学中最基础的学科之一，揭示了物质的基本结构及其运动的一般规律"①，同时还为人类文明的发展提供了强大的推动力。

第一，物理学的意义在于它揭示了自然界的奥秘。从微观粒子到宏观宇宙，物理学都为我们提供了深入的认识。量子力学解释了原子和分子的行为，让我们对微观世界有了全新的理解；相对论则重新定义了时间和空间的概念，使我们对宇宙有了更加宏大的视角。这些理论的提出，不仅让我们对自然界的认识更加深入，也为我们解决现实生活中的问题提供了有力的工具。

第二，物理学对于人类文明的发展具有重要影响。从工业革命到信息技术革命，物理学的成果始终是推动社会进步的重要力量。蒸汽机的发明，源于对热力学原理的深入研究；电子计算机的问世，离不开量子力学和固体物理学的支持。此外，物理学在能源、材料、通信等领域的应用，也极大地促进了人类社会的发展。

然而，物理学的意义并不仅仅在于其科学价值和应用价值。更重要的是，物理学的研究方法和精神对人类的思维方式产生了深远的影响。物理学家通过观察和实验，不断提出假设和理论，再通过实践验证其正确性，这种科学的研究方法不仅推动了物理学的发展，也影响了其他学科的研究方式。同时，物理学所倡导的理性、客观、严谨的精神，也为人类社会的进步提供了重要的精神支撑。

---

① 刘岢，范宏，宋海岩. 物理教学与思维创新［M］. 北京：北京日报出版社，2018：6.

二、物理的重要性

物理对于人类社会的发展和进步具有举足轻重的地位，它不仅关乎我们的日常生活，还深刻影响着科技进步、经济发展乃至人类文明的整体走向。

第一，物理在日常生活中的作用。从简单的力学原理，如行走、骑车时的平衡控制，到复杂的光电技术，如手机屏幕的显示原理，物理学的知识无处不在。物理帮助我们理解事物的本质和运行规律，指导我们更好地适应和改造世界。

第二，物理在科技发展中的作用。从工业革命时期的蒸汽机、火力发电，到现代社会的电子信息技术、航空航天，物理学的每一次突破都极大地推动了人类文明的进步。例如，量子力学的发展为现代电子信息技术提供了理论基础，使得我们能够制造出高性能的计算机、智能手机等电子产品，极大地改变了我们的生活方式。

第三，物理在经济发展中的作用。物理学的创新和应用，不仅推动了相关产业的发展，还带动了整个经济体系的升级。例如，新能源技术的研发和应用，不仅解决了能源短缺问题，还带动了新材料、装备制造等产业的发展，为经济增长提供了新的动力。

第四，物理对于人类文明整体走向的作用。物理学的进步不仅推动了科技的发展，还改变了我们的思维方式和世界观。物理让我们更加深入地了解宇宙的奥秘，探索未知的领域，激发人类的好奇心和探索精神。

第二节　物理教学特点与课程类型

一、物理教学特点

物理教学是贯彻物理教学大纲，实现教学目的任务的重要手段。"物理教学的目的是培养学生的能力和服务于专业课，它与传统的物理教学有本质的区别，所以物理教学有着自身的特点。"[①] 因此，教师要圆满地完成物理教学的目的、任务，就必须掌握物理教学的特点，具体从以下方面探讨：

---

① 张志英.物理教学特点及对策［J］.才智，2012（6）：129.

第一，以观察实验为基础，加强直观性教学。在教育教学的过程中，以观察实验为基础，加强直观性教学，已成为提升学生学习效果的重要手段，这种教学方式不仅有助于培养学生的科学素养，还能激发他们的学习兴趣和积极性。

第二，定性为主，定量为辅。物理教材对物理现象、物理过程的阐述基本上是属于定性的。但是，有些情况下仍然要涉及数量关系。例如，压强的计算、阿基米德定律、热平衡方程式、部分电路欧姆定律、光的反射定律等。因此，在教学中，要把重点放到使学生理解知识，重视观察和实验，注意联系生活和生产中的实际，培养学习物理的兴趣和正确的学习方法上，而对于计算题的数量和难度要掌握得当，不要把过多的时间和精力放在做计算题上。

第三，综合课为主，单一课为辅。在物理教学中，应优先考虑采用综合课形式，将多种教学方法相结合，最大限度地发挥教学效果。相较于单一的课型，综合课的教学方法更为灵活多样、富有活力，能够吸引学生注意，提升学习兴趣。此外，综合课多变的教学方式更符合人类的记忆规律，从而有助于提升记忆效果。同时，物理教材中包含大量的演示实验和学生练习题，这也为组织综合课提供了便利。当然，在教学过程中，我们并不完全排斥单一课的教学形式。在某些情况下，如教材内容较为丰富时，仍须使用单一课。然而，相较于综合课，单一课的使用频率应较低。

第四，借助具体形象的支持，进一步发展抽象思维能力。尽管学生的抽象逻辑思维已经开始占据主导地位，但具体形象思维依然扮演着重要角色。在理解和掌握复杂的抽象概念时，学生仍然需要具体形象的辅助。因此，在教学活动中，我们应当有意识地运用具体形象，帮助学生辨别本质特征与非本质特征，从而正确地进行概括，掌握抽象概念和规律的本质。

二、物理课程类型

（一）物理课类型划分的重要性

对于物理课的划分，主要是通过具体的教学任务而进行的。掌握物理课的类型，有助于教师把握每节课的教学任务，对于本节课在整个教学体系中的地位和作用有一个清晰的认知，从而保证教学的系统性，这对于学生的学习同样具有一定的促进作用。因而，物理课类型的正确划分，是很有必要的。

1. 作为一门学科，知识的传授是基础，因此，以新知识的传授为主要任务的新授课是物理课的基础课。而基于物理学科的科学性，实验课也是必不可少的，能够锻炼学生的动手能力和思维能力。此外，物理课的类型还应该包括以巩固知识为目的的复习课、以检查学生知识技能为目的的检查课等。

2. 在一节课的教学过程中，往往并非仅以一种教学模式为主导，而是多种教学模式的综合运用。特别是考虑到学生的注意力集中时间有限，因此，在一堂课中合理安排并集中完成多项教学任务显得尤为重要。通过交叉运用不同的教学方法，我们不仅能够顺利地完成预设的教学任务，还能有效地维持学生的学习热情和积极性，从而提升整体的教学效果，这种综合型的教学模式并非只适用于低年级学生，对于中高年级的学生同样适用，具体应根据教学实践情况进行合理的规划与安排。

3. 根据物理学的特点，掌握物理课的结构及教学顺序。课的结构即构成一堂课的各组成部分及相互间的顺序与时间安排。由此可以看出，课的结构并不是固定不变的，而是同课的类型有着直接的关系。不仅如此，即使是同一类型的课，在不同的时间、面对不同的群体，也会产生不同的结构。不同的教学结构也会形成不同的教学顺序，对于物理课而言，其一般的教学顺序包含以下方面。

第一，组织教学。教学的组织是开展教学活动的前提。对于任何类型的课而言，教学组织都是必不可少的一个环节，其目的在于让学生尽快从课前松弛的状态进入紧张的学习情境之中。在于让学生从生理和心理上做好听课的准备。组织教学的内容和方法都不是固定的，针对自身习惯和实际情况灵活选择。一般而言，组织教学先需要创造一个适合学习的氛围。课堂和课外最大的不同便在于课堂应该安静而有秩序，组织教学便是要维持这种环境和秩序，这样才便于学生快速进入上课的状态。此外，组织教学除体现在上课伊始，教师通过目光的扫视对班级基本情况的了解，检查出勤和书籍文具的准备情况外，还可以通过教师自身涵养与人格魅力等达到最好的课堂组织教学的效果。

第二，讲授新教材。一般而言，教材是知识的载体，当前，学校教学活动的开展都是以教材为基础，围绕教材而展开的。讲授新教材，即是向学生讲授新知识，这是课堂教学的重点，一般的原理、概念、规律等，都需要在课堂上向学生讲授。对教材新知识的讲解，需要掌握一定的方法技巧，这样才能调动学生的积极性，激发其学习的欲望。通常，教师可以在新课讲授前，让学生明白所要学习的教材内容的意义和作用，以便于学生的认可并接受。在讲授过程中，保证知识的紧密性、突出重点、难易得当，同时根据内容即学生的特点，辅以恰当的教学方法，从而促进学生思维能动性的开发。

第三，检查复习。检查复习的目的有两个：一是巩固已学知识，强化记忆，加深理解；二是为正式教学做好铺垫，这也是检查复习承上启下作用的体现。通过检查，一方面，督促学生及时复习已学知识；另一方面，培养学生养成对课业的责任感。检查复习的内容并不局限于上一课时的教学内容。对于教师而言，一般会选择与所讲新知识有联系，以便于顺利导入新课。检查复习的方法是多样化的，教师应该结合学生的特点及教学需要合理选择，如口头问答、书面测试等。

第四，巩固新教材。巩固新教材一般是在讲授新课知识点之后随即进行的。一般通过复述、提问、练习等方式进行，一方面是对所讲内容进行适当的延伸或补充，帮助教师了解学生对知识的掌握情况；另一方面，能够加深学生对当堂所学内容的印象与理解，实现知识的内化，从而掌握运用新知识解决问题的要领，为下一环节的练习奠定基础。

第五，布置课外作业。布置课外作业是基于巩固新知的更进一步。其目的除了巩固知识外，还在于培养学生独立学习的能力和习惯。课外作业的布置要遵循科学性和合理性原则。作业的内容要丰富多样，既能体现所学知识，也要保证难易适度，以对学生的能力起到一定的促进作用。作业不可贪多偏难，而应该根据学生的特点和能力适当调整，以保证完成的时间和效率。

（二）物理课程的常见类型分析

为了有效推进教学活动，教师须深入理解并熟练掌握各类物理课程的特点。在我国长期的教学实践中，班级授课已成为各科教学的主要形式。在这种模式下，学生的年龄和认知水平相近，人数也控制在一定范围内。教学内容主要基于教材，紧密围绕教学大纲和教学计划展开，并按学期划分为若干小单元，确保在规定时间内完成。同时，物理学具有其独特性，其教学目标的实现不仅受教学内容质量、深浅程度和知识关联性的影响，还受到学生原有经验、知识水平和心理品质的限制。因此，在物理教学的各个环节中，学生对某一知识的掌握须经历一系列过程，包括感知物理现象、认识物理状态、分析状态变化条件、建立物理观念或模型、寻找和总结规律，以及掌握运用规律解决实际问题的能力。这一过程中，因材施教的原则尤为重要，可能导致教学程序的多样性。然而，在具体的物理课堂教学中，不同类型的课程在教学程序和时间分配上具有一定的灵活性。为确保理想的教学效果，教师应根据教学内容和学生的实际情况来合理选择和安排。根据不同的教学任务，物理课程可分为以下方面。

1. 物理单一课

所谓单一课，是指一个课时内只完成一项教学任务。单一课是教学中较为常见的一种课型。

（1）物理新授课。物理新授课是以讲授新知识为主。对于物理观念的初步建立、物理规律的了解，乃至运用规律解决物理实际问题的能力、方法、技巧等都需要通过新授课的形式开展。物理教师在进行新授课的教学时，必须做好充足的准备，制定明确的教学目标，围绕目标选择合适的教学方法，这样才能保证教学任务的有效完成。例如，对新的物理概念的教学，需要创设情境，以引导学生通过观察新的物理现象，联系已有的概念，抽象出新的物理本质，明确新的内涵和外延，进而得出结论，掌握新的物理研究方法。

（2）物理实验课。物理实验课主要是对物理概念、规律的知识建构，通过实验的方法使对知识的理解更深刻。实验课，即是以实验为主的课型。物理实验课一般是在教师的指导下，由学生运用已有的知识独立完成仪器操作的教学形式。实验课的目的在于锻炼学生的思维和操作能力。通过独立实验，能够促进学生科学探索精神的养成。在我国当前的物理教学实践中，实验课一般通过两种形式开展：一是学生分组实验；二是讲与练同时进行，即所谓的边讲边实验。传统的物理实验教学，通常都是学生在教师的指导下进行，学生严格按照教师的步骤进行。教师对学生的这种过多干预，会影响学生的思维及能动性的发挥。物理教师应该鼓励并引导学生在理解实验原理的基础上，围绕实验主题，发挥思维的能动性，大胆创新，勇于探索。通过这种方式来培养学生实验精神和实验能力，进而增强其独立分析和解决实际问题的能力。此外，物理实验教学的形式，也应该尽可能多样化。物理教师在进行实验课的教学时，要结合教学的需要和学校的条件，选择合适的实验课形式，以最大限度地为学生创造实验及科学探索的机会。

（3）物理练习课。练习的目的在于学以致用，这也是学习的终极目标。因此，练习课对于物理教学极为重要。基于对所学知识的练习，一方面，具有巩固知识的重要作用；另一方面，有助于培养学生的知识迁移能力，将理论知识的学习转化为运用知识解决实际问题的能力。物理练习课的开展，能够巩固学生的物理知识、训练学生的物理技能、掌握解决物理问题的思维和方法。

（4）物理复习课。复习课，是对前一阶段所学知识的巩固。依据心理学家艾宾浩斯（H. Ebbinghaus）的遗忘曲线理论，适时地复习能够缓解遗忘。因而，复习课的开展，便是针对学习过程中的遗忘现象所采取的一种教学形式。通过复习，加深学生对所学知识的记忆，深化对物理概念、定律的理解，对所学内容进行前后联系，建立知识间的联系链，复习的过程便是将新的知识融入其中。针对遗忘规律所开展的复习课一般可分为两大类，即平时复习和阶段复习。平时复习可贯穿物理教学的一般过程之中，不局限于固定的时间和场合。只要是物理教学，都可以引导学生进行知识的巩固与复习。作为物理教师，可根据物理教学科的特点以及学生的实际情况，制订科学合理的复习计划，灵活地选择复习的内容和方式。此外，在复习教学的过程中，应该注重对重要物理概念、定律的强化，培养学生知识迁移、解决实际物理问题的能力，以及对物理学习方法的掌握。从而增强学生对所复习内容的理解，以形成对知识结构的新的认知。无论是哪个阶段的复习形式，都应该遵循循序渐进及联系的原则，从知识内在联系的角度，引导学生主动构建知识间的联系体系，实现知识的迁移与延伸。

（5）教学参观课。当前我国学校教育的主要形式是课堂教学，但课堂教学的时间和空间都是有限的，加之日复一日固定化的教学模式，学生很容易产生视觉疲劳。参观教学能够带给学生焕然一新的教学体验。教学参观，又称为现场教学，它是课堂教学的补充和延续，是教学理论与实践结合原则的主要形式。此外，为了提高教学参观的效果，教学参观的对象是关键。参观对象的选择要符合学生的学习水平和认知能力，既要激发学生的参观热情，还要便于学生直观地看到体现相应物理现象、定律、原理的各装置和部件。除此之外，还要充分做好以下教学参观的准备：一是教师要提前做好踩点，了解参观对象的基本情况，以及就相关事项进行了解、分析和研究；二是要与参观对象方就相关问题达成一致，尤其是要与技术负责人充分协作，实现物理教学内容与参观对象的协调，在技术术语与物理术语间建立联系，为教学参观减少阻力；三是制订参观计划，提出总结提纲，考虑好讨论方案，选定教学程序和实施措施。

2. 物理综合课

在物理教学中，除了传统的单一课型外，还有一种备受推崇的教学模式——物理综合课。这种课型打破了传统教学的束缚，将多项教学任务巧妙地融合在一节课中，从而为学生带来更加丰富、多元的学习体验。

物理综合课的最大特点在于其多样性和灵活性，它不再局限于单一的教学内容和方法，而是根据学生的年龄、兴趣和学习需求，将多个知识点、技能点和实践活动巧妙地结合在一起，这种教学模式不仅提高了学生的学习兴趣和积极性，还能帮助他们更好地理解和应用物理知识。

物理综合课通常适用于教学内容相对简单、不需要花费一整节课就能完成的情况。例如，在教授基础物理概念时，教师可以通过设计一系列有趣的小实验或互动活动，让学生在轻松愉快的氛围中掌握新知识。此外，根据教学的需要，物理综合课还可以同时进行几项教学内容的学习、同化、强化和活化任务，这种教学模式有助于学生在短时间内形成完整的知识体系，提高学习效率。

对于年纪较小、注意力难以长时间集中的学生而言，物理综合课具有特别的优势。通过不断转换教学内容和活动形式，教师能够刺激学生的意识，维持他们的注意力，从而取得更好的教学效果。例如，在教授力学知识时，教师可以先让学生观看一段有趣的动画视频，了解力的基本概念；然后组织一些简单的实验，让学生亲手操作、感受力的作用；最后通过小组讨论和总结，让学生深入理解力学的原理和应用。

当然，要想充分发挥物理综合课的优势，教师在教学设计上需要下足功夫。首先，要从学生的角度出发，了解他们的心理需求和学习状态。只有深入了解学生的实际情况，才能设计出更符合他们需求的教学内容和活动。其次，要根据教学内容合理选择教学内容的搭配，这需要教师具备丰富的教学经验和专业知识，以确保教学内容最大限度地符合学生的学习规律。例如，在教授光学知识时，教师可以根据学生的思维发展状况，选择通过回顾日常生活中的光现象来提出问题、激发学习兴趣，或者通过对光学实验的观察和分析归纳出光学规律。

第三节　物理教学原则与过程分析

一、物理的教学原则

教学原则是反映教学过程规律性的一般原则，它们是根据教学目的和教学过程的规律提出的，是教学实践经验的总结，是教学必须遵循的基本要求。正确地运用教学原则去处理教学过程中各种矛盾的关系，为各种矛盾向有利于培养人才的方向转化创造条件，是提高教学质量的重要保证。

教育学中所阐述的教学原则对各科都有指导意义。物理课的教学原则，一方面，必须依据教育学所阐明的一般教学原则；另一方面，要根据物理课本身的特点、物理学的研究方法和物理学教学的目的来确定。物理教学必须坚持的基本原则通常是指教师的主导作用与学生主动性相统一的原则、科学性与思想性相统一的原则、理论联系实际的原则、直观性原则、传授知识与培养能力相统一的原则、教学的统一要求与因材施教相结合的原则。

（一）理论联系实际的原则

在物理教学中运用理论联系实际的原则①，主要是要求教师正确处理书本知识与实践知识的关系，引导学生以学习基础知识为主。从理论与实际的联系中去理解和掌握知识，并加强基本技能的训练。同时，还要引导学生运用所掌握的知识去分析问题和解决问题，从而获得比较完全的知识。

第一，引导学生从理论与实际的联系中去理解和掌握知识。在教学过程中，要根据学生的实际和教材的实际，通过演示、实验、模型、图表、现场观察和联

---

① 理论联系实际原则，是指教学必须坚持理论与实际的结合与统一，用理论分析实际，用实际验证理论，使学生从理论和实际的结合中理解和掌握知识，培养学生运用知识解决实际问题的能力。

系学生已有的知识与生活经验进行分析，总结出概念和定律。例如，在讲解电磁感应现象后，接着讲解发电机和电动机的构造及工作原理。这样，让学生了解物理理论形成的根据，以及理论对实践的指导作用，就能使学生从理论与实践的结合上加深对教材内容的理解与掌握。

第二，培养学生运用知识解决实际问题的能力。理论联系实际的目的是为了更好地让学生掌握物理基础知识与基础实验技能，培养他们分析问题和解决问题的能力。因此，绝不能片面地强调联系实际而削弱基础知识的教学和基本技能的训练，同时也要防止只强调基础知识而不重视联系实际的倾向。

培养学生把知识运用于实际，要视教材内容和学生生活经验而定。对于物理教学，培养学生把知识运用于实际，主要用于解释日常生活和生产中所碰到的简单物理现象和问题，解答物理思考题和计算题，指导学生制作简单的实验仪器和完成课内实验，有目的地组织教学参观，以及开展课外小组活动等，这些都有利于培养学生把知识应用于实际的能力。

（二）直观性的原则

学习任何一门学科，都是从生动直观开始的。学习物理学只有首先使学生对事物有生动的、具体的感性认识，才能便于学生从观察入手，在观察中学习处理问题、分析问题和解决问题的方法，才能有利于学生进行思维和概括，从而比较全面、比较深刻地掌握知识。

物理教学贯彻直观性原则，首先，必须注意让学生对所要研究的物理现象有一个生动、具体的感性认识，这可以通过演示、模型、幻灯、电影、板画等直观手段来实现。其次，在研究物理定律时，要尽量通过演示实验得出。例如阿基米德定律、电磁感应定律等，如果只靠教师的讲解，而没有学生的直观的感性认识，那么学生是不会深刻理解和掌握的。最后，在物理教学中，采用生动形象的比喻，也是一种很好的直观手段。例如，在电磁感应的教学中，为了确定感应电流的方向，采用右手定则，把右手的手背和拇指所指的方向比喻成磁场和导线运动的方向，从而由四指所指的方向确定电流的方向。

此外，正确地使用直观教学有助于提高学生的学习兴趣，也有助于学生更牢固地掌握知识。然而，在贯彻直观性原则时，也要防止为直观而直观的偏向。必须强调，直观只是手段，并不是目的，不要强求直观，滥用直观教具，一味地追求形式，结果华而不实，反而容易转移学生的注意力。

（三）教师主导与学生主动性相统一的原则

在教学中，一定要把教师的主导作用和学生的自觉性、积极性很好地结合起来。教师的主导作用主要表现在课程的思想性、教学内容与教学方法的选择、教学要求的确定、教学进度的安排等方面。学生要牢固地掌握知识，必须通过自己的积极努力才能做到。外因要通过内因起作用，教师是不能包办代替的。而学生学习的自觉性、积极性又要靠教师的正确引导才能充分发挥出来。

教师的主导作用和学生主动性相统一的原则，要求在教学过程中充分发挥"教"与"学"两方面的积极性，并把两者有机地结合起来，贯穿于整个教学过程的始终。

（四）科学性与思想性相统一的原则

物理教学的目的和任务，是要向学生传授物理基础知识、培养实验技能、发展思维能力、形成辩证唯物主义世界观，从而使学生成为德、智、体全面发展的人才，这就要求在物理教学中必须坚持科学性和思想性相统一的原则。为了贯彻好这一原则，应该注意以下问题。

1. 注意教学内容的科学性

在物理教学中，教学内容的科学性是确保学生获得准确知识和科学思维的关键。科学性的体现可以从两个主要方面进行探讨。

（1）教师在传授物理知识时必须确保准确无误。这意味着教师对教材中的每一个物理概念和规律都应有着精确的理解，并且能够以准确的语言或图示进行表达。此外，教师还须注意在不同前提条件下同一物理概念的差异性。考虑到学生的年龄特征和知识水平，教师可能无法将所有知识讲解得全面、深入和透彻，因此可以采用生动、形象的教学方法进行深入浅出的讲解。然而，无论在内容上还是方法上，教师都应避免出现科学性的错误。教师不应单纯地追求讲课的生动形象和演示实验的视觉效果，而忽视了知识的科学性。

（2）物理现象和物理规律的阐述应基于充分的事实依据。这是体现教学内容科学性的另一个重要方面。所谓充分的事实依据包括直接的实验事实和已有的知识结论。物理教材中涉及许多物理现象是学生日常生活中可以观察到的，例如物体间力的作用是相互的，或者固体在压力一定时，压强与受力面积有关等。然而，有许多物理现象的效果是学生无法直接感知的，必须通过实验进行观察。例如，在讲述电流产生磁场的内容时，如果只是简单地将结论告诉学生，由于他们之前没有相关的感性知识，也没有亲眼看到实验现象，就只能是死记硬背，这样的教学是缺乏科学性的；反之，如果通过实验让学生观察到磁针的摆动和铁屑的规则排列等实验现象，那么就能为讲述电流周围存在磁场提供事实依据。这样的教学方法不仅有助于学生对知识的理解，也是培养学生实事求是科学态度的重要途径。

2. 注重教学过程中对学生思想的教育

物理教学的思想教育主要是指通过教学帮助学生树立辩证唯物主义世界观，初步了解的方法论，培养他们为实现中华民族伟大复兴的中国梦而努力学习的自觉性和责任感。

在物理教学过程中，我们特别关注学生的思想教育，这一教育目标的核心在于帮助学生建立辩证唯物主义的世界观，并初步掌握相关的方法论。我们致力于培养学生的自觉性和责任感，激励他们为实现中华民族伟大复兴的中国梦而努力学习。通过我们的教学工作，我们期望学生能够深刻理解并践行这些重要的思想理念。

物理教材本身有丰富的思想教育内容，除在前一节所介绍的辩证唯物主义外，还可以结合以下两方面对学生进行思想教育：

（1）结合物理学家生平和物理学发展史对学生进行教育。为全面提升学生的科学素养，因此在物理教材中融入更多有关物理学家生平和物理学发展史的内容，这些内容不仅有助于激发学生对物理学的兴趣和求知欲，更能开阔他们的视野，使他们更深入地了解物理学家在思考和研究问题时的独特方法。尽管这些扩展内容在教学计划中并未设定具体的要求，但我们仍强烈鼓励教师在课内或课外积极引导学生进行阅读。

（2）结合物理基础知识在科学技术和生产实践中的应用对学生进行教育。物理基础知识在现代科学技术和工农业生产中有着广泛的应用。在教学过程中，通过介绍我国科学技术的新成就和工农业生产中的重要成果，可以鼓励学生更好地掌握物理学知识，努力向科学技术现代化进军，为实现中华民族伟大复兴的中国梦而勤奋学习。

在贯彻科学性与思想性相统一的原则中，都要把传授知识和进行思想教育有机地结合起来，既要防止单纯进行知识教学，不注意思想教育的倾向，又要反对脱离教材内容，把思想教育变成空洞说教的做法。实践证明，这两者只有结合得好才能相得益彰。

（五）传授知识与培养能力相统一的原则

物理教学在要求学生比较系统地掌握基础知识的同时，还要求学生具备一定的能力。掌握知识与发展能力这两者之间的关系是辩证的统一，掌握知识是发展能力的基础，而发展能力又是掌握知识的重要条件、手段和发展。在教学过程中，只有正确处理好这两者之间的辩证关系，才能使学生在掌握知识过程中有效地发展其能力。值得指出的是，当前许多教师只重视对学生传授知识，而不重视培养学生的能力，认为学生掌握了科学知识，能力就会自然而然地得到发展，这种想法和做法都是不正确的。因此，在传授知识的过程中，只要把培养能力的问题重视起来，就能较好地贯彻传授知识与培养能力相统一的原则。

（六）教学的统一要求与因材施教相结合的原则

在教学中既要有统一要求，又要承认差别，注意因材施教。有统一要求，才能保证每个学生都能达到统一的质量标准；有因材施教，才能适应学生的不同特点，有的放矢地进行教学，使不同情况的学生都能在原有的基础上得到提高，这就是教学的统一要求与因材施教相结合的意义。

第一，统一要求。教师要了解和掌握全班学生的知识水平、接受能力、学习风气等，使课堂教学适应于大多数学生的情况。对全班的统一要求，应以教学大纲和教材内容为依据。

第二，因材施教。要正确对待学生的个别差异。对特别优秀的学生，可以适当增加学习内容（如布置课外实验、课外参考书、课外习题等），满足他们的求知欲望，并在课外给以适当的指导，培养他们的自学能力。

二、物理的教学过程

教学过程是学生在教师的指导下，通过自己的学习活动来掌握文化科学知识、发展认识能力、逐步认识客观世界的过程。

教学过程与人类在其历史发展中对客观世界的认识过程基本上是一致的，同样需要经过从感性认识到理性认识，又从理性认识回到实践，完成两个飞跃，同样都是在实践基础上进行的。然而，教学过程与人类认识客观世界的过程也有不同。首先，教学过程是在教师指导下进行的；其次，学生学习的知识是人类已经获得的并经过一定实践验证的知识。所以，教学过程可以避免走人类对客观世界认识过程中的弯路。

物理的教学过程和其他课程的教学过程一样，也需要从感性认识开始逐渐上升到理性认识，再从理性认识回到实践。这样循环往复，螺旋上升，实现认识过程中的两次飞跃。换言之，在物理教学中，首先，以观察实验为基础，并提供必要的感性材料。其次，在学生已获得的感性知识的基础上，引导学生对所要研究的物理问题进行积极思维活动，促使学生形成物理概念、掌握物理规律。在学生初步掌握了一些物理知识以后，教师还需要及时帮助学生把这些知识巩固下来。再次，在教学过程中，除了要使学生掌握物理知识外，还要促使学生形成技能，注意发展能力。学生的实验技能、思维能力、运用数学知识解决物理问题的能力，以及阅读能力和自学能力等，都是在教师指导下经过不断练习和实践而逐步形成的。最后，还要对学生所掌握的知识、技能进行考试和考查，以便了解学生掌握知识、技能的质量。

第四节　物学教学任务与基本技能

一、物学教学的主要任务

物理教学的任务，是根据教育的目的和任务结合物理学科本身特点制定的，这在物理教学大纲中已有明确的规定。关于物理教学的具体任务，有如下三个方面：

(一) 要求学生掌握物理基础知识

1. 学生必须掌握的物理基础知识

物理教材包括力学、光学、热学、电学等内容，并以力学、电学为重点。物理的基础知识，包括对简单的物理现象与简单的物理实验的描述，以及基本的物理概念与简单的物理规律的建立，其中，物理现象和物理实验，是学生学习物理概念的规律时获得感性知识的主要来源；物理概念和物理规律，则是学生学习物理的重点。

2. 物理基础知识的实际运用

为了使学生能较深刻地理解并掌握物理基础知识，懂得学习物理的重要意义，必须让学生了解这些知识的实际应用，这样做既能使学生巩固所学的知识，又能培养学生把知识应用于实际的能力，进而激发起学习物理的兴趣。物理基础知识的实际应用，主要有以下三方面：

（1）物理实验以及生产和生活中常见的物理现象。例如，根据阿基米德定律验证物体浮沉条件的实验，用伏特表和安培表测量电阻的实验，日常生活中的惯性现象、热传递现象、摩擦起电现象等。

（2）在生产中的应用。例如，教材在讲述"液体压强"和"气体压强"时，联系了液压机、液压传动和离心泵的原理；在讲述"能的转化和守恒定律"之后，介绍了汽油机和柴油机的工作原理；在讲述"电磁现象"时，联系了直流电动机和发电机等电工知识。由于生产中的实际问题往往是比较复杂的，所以在物理教学中只须突出它的原理部分，而不要讲述那些生产技术的细节。

（3）在科学技术中的应用。为了开阔学生的视野，激发他们学习物理学的积极性，物理教材列举了诸如原子能、火箭技术、人造地球卫星、新型电池、超导体等现代科学技术，这些内容只要求学生有个大概的认识，了解到物理知识与现代科学技术有着密切的关系就可以了。

（二）重视学生能力的培养

现代科学技术的飞速发展，人类文化科学知识的急剧膨胀，知识老化的周期不断缩短，迫使人们必须十分重视能力的培养。学生具备了一定的能力，就能运用所学的知识去解决实际问题，就能主动地学习新的知识。在教学过程中，是否有意识地注意能力的培养，对于提高教学质量和更好地培养人才关系极大。以下探讨学生能力培养的要求：

1. 培养学生的实验能力

物理学是一门以实验为基础的科学。培养学生掌握一定的实验技能，初步了解物理学研究的实验方法。培养严格的科学态度，这是进一步学习现代科学技术，以及在工农业生产中进行科学实验和技术创新的重要基础。具体地讲，学生应该掌握的实验技能，主要包括以下方面：学会使用刻度尺、卡尺、量筒、天平、弹簧秤、温度计、安培表、伏特表、滑线变阻器等常用工具和仪器；能够根据实验原理和实验步骤进行操作，懂得并且能够自觉地遵守安全操作规则；能够细心观察现象、进行测量和读数，尊重实验事实，正确记录测得的数据；学会整理数据，能根据数据画出图示，得出必要的结论；会写简单的实验报告。

2. 培养学生的思维能力

思维能力的培养有着极其深远的意义。物理学史证明，物理概念的建立、物理定律的发现、基础理论的创立和突破，其创造者除了有坚实的实验基础之外，还必须有高度的抽象思维能力。为了赶超世界先进的科学技术水平，培养出高质量的人才，在物理教学中就必须重视对学生思维能力的培养。

3. 培养学生的自学能力

自学能力是学生通过自己独立学习获得知识和技能的一种能力。由于学生在校学习的时间是有限的，因此培养他们具有自学能力，对于在校期间的学习或者将来从事创造性的工作都具有极为重要的意义。

学生获得知识的主要途径之一是阅读教材，因此，培养阅读能力是一个重要的方面。我们应该加强阅读方法的指导，使他们懂得怎样阅读物理教材，养成阅读教材的习惯。通过阅读，能使学生掌握教材中所讨论的问题的思路和逻辑顺序，了解物理概念是如何引入、定义的，认识到物理规律是怎样归纳、总结、叙述的。同时，还能使学生认识到图表、插图的意义和作用，以及常用的物理术语和常用语，例如"一般地说""经验表明""实验证明""显而易见"等的含义。必要时还可向学生介绍一些课外阅读材料，使他们逐步养成自学的习惯，从而提高自学能力。

4. 培养学生的问题能力

数学是研究物理学的重要工具。在物理学的研究和学习中，不论是观察、实验还是理论探讨，也不论是从感性认识上升到理性认识，还是运用物理理论指导实践，数学知识的运用都是较为广泛的。

（1）用数学工具进行计算。在物理学中，很多问题要进行大量计算，例如从实验数据引出结论时要进行计算，在解答物理习题时要进行大量的计算。

（2）利用数学知识表示物理概念和规律。在物理学中，物理概念常以数学知识表示。

（3）运用数学知识进行分析、推理和论证。数学方法是进行推理、论证的有效工具和抽象手段。在物理学中，有些公式反映了基本定义和实验定律，而有一些则是导出公式。从实验定律和基本定义出发，运用数学方法来进行推导、验证和论证，从而得到许多以导出公式表示的重要推论。

（4）运用数学语言表达概念与定律。在物理教学中，要培养学生运用数学知识解决物理问题的能力，应先培养学生能正确运用数学语言和方法来表述物理概念和定律的能力。因此，在教学中要注意把概念、规律的物理意义与数学表达式结合起来，使学生既了解公式的来源，又正确理解其物理意义。

5. 培养学生的创造能力

所谓创造能力，是高度的思维力、想象力加上实干能力的综合，是一种在人的心理活动的最高水平上实现的综合能力。心理学的研究成果表明，创造能力是人才结构的重要因素，是人们在实践中能否驾驭知识、施展才智、有所创新的重要因素，所以要把发展学生的创造能力放在重要位置上。

为了培养学生的创造能力，教师要引导学生有目的地去"探索"，鼓励学生随时捕获"偶然发现"；开展小考察、小制作、小发明等创造性活动。

在课堂教学中，要打破一成不变的教学程序，可选择某些经前人探索有了明确结论的知识，设计具有启发性的实验，让学生"经历"一遍发现的过程，这种已知知识的重新发现，其成果虽然不是创造性的，但为获得成果而进行的探索却是创造性的，可为学生今后进行真正独立的发现奠定基础。

（三）培养学生的唯物主义观点

作为自然科学的物理学，它包含着辩证唯物主义观点的丰富内容，对于培养学生辩证唯物主义的观点有着重要作用。

在物理教学中，培养学生辩证唯物主义观点的基本内容是通过物理基础知识的教学，使学生认识到世界是物质的；运动是物质的根本属性；物质运动的形式是多种多样的；物质运动的发展、变化有它本身的规律性，这些规律是可以逐渐被认识的，人类正是通过认识和掌握这些规律去能动地改造世界。通过物理教学，要使学生学会用相互联系和运动变化的观点去分析物理现象，研究物理定律的适用条件和范围，还要使学生懂得物理概念和定律是在实验基础上建立起来的，又要在实践中经受检验和发展，从而使学生懂得实践是检验真理的唯一标准，并养成在观察和实验的基础上探求物理知识的习惯。

第一，认识世界的物质性。物质的客观存在决定人们的认识，这是辩证唯物主义的基本原理。因此，在物理教学中，必须坚持从客观事物出发，以观察和实验为基础的原则。

第二，认识物理现象与它的发展过程是对立统一的。对立统一规律是普遍存在的，发展是对立面的统一和斗争。教学中要把这一观点贯穿始终。

第三，认识一切自然现象都是物质运动的表现。世界上形形色色的现象，从最简单的机械运动到高级的人类思维活动，都是物质运动的不同形态。要强调运动的多样性，以免学生狭隘地理解运动只是一种机械运动。

第四，认识发展是量变引起质变的过程。发展一般是先从量变开始，积累起来，在某一阶段发生量变而引起质变，物态变化就是量变引起质变这一辩证规律的典型例证。

总而言之，对学生进行辩证唯物主义观点的教育，要和物理知识的教学紧密地、有机地结合起来，使思想教育寓于物理教学之中，这种教育要通过对物理现象和规律的讲解来达到，而不是附加于物理知识之外，要避免脱离具体的物理知识的教学去讲哲学问题，而把物理课上成哲学课。但是也不要认为，教好物理知识就等于贯彻了辩证唯物主义教育，这种想法也是不全面的。物理教师应当结合物理教学自觉地运用辩证唯物主义，有意识地向学生进行辩证唯物主义观点的教育。

二、物理教学的基本技能

（一）物理教学前的备课技能

备课是每一位教师进行课堂教学前的必备工作，即使是经验很丰富，从事多年教学工作的教师在上课前也一定有此环节。教师上课前的备课符合教学规律和客观事实。备课是每位教师课前必备的工作环节，因此，备好课是上好课的前提和基础。

1. 学情分析

"学情分析"通常被称为"教学对象分析"或"学生分析"。学情分析的定义就是学生在学习方面有何特点、学习方法怎样、习惯怎样、兴趣如何、成绩如何等。设计理念包括教学方法和学法指导，以及教学设想。学情分析的主要内容，应包括学生的起点能力分析（本班学生学习物理的知识起点、能力起点与态度起点）、一般特点分析（指学生的年龄特征与学习物理的共同特点）、学生学习风格（也叫认知倾向）分析。学情分析的常用方法有观察法、谈话法、问卷法、实验法、材料分析法、访问调查法。

学情分析的重要性体现在物理教学活动必须建立在学生的认知发展水平和已有的知识经验基础之上。这就需要我们深入分析、真正了解我们的学生，以学定教，从而增强教学设计的针对性和预见性，使教学设计及其实施建立在客观的符合学生实际的扎实基础上。

2. 备教材

很多教师备课时没有很好地理解教材，把重心放在教学设计上；往往是参考别人的教学设计而制订自己的方案，甚至是照搬别人的教学设计，而没有很好地理解教材、理解别人的设计意图，这样的教学效果是不会理想的，往往会事倍功半。教材是知识的载体，是师生教与学的中介，提供了学生学习活动的基本材料，所以我们要理解教材编排的意图。同时教材需要教师去调整、去丰富、去完善，使教学内容变得更加现实、有意义和富有挑战性。

备教材应做到了解物理教材体系，了解本册教材目标教学内容的地位与作用，了解单元目标、教学内容的地位与作用，了解课时目标、课时内容的地位与作用，了解教材编写的意图。只有做到以上方面，再思考教学设计，才不会南辕北辙，才能事半功倍。在备课时把重点放在对教材的理解和解读上，放在教学目标的确立上。准确地理解、解读教材，才能确定准确的教学目标；教学目标准确了，方向就明确了；方向明确了，教学环节的设计就不会出现方向性的问题。在备课时间的分配上，理解和解读教材、确定教学目标与教学环节设计起码要达到3:7，甚至5:5，这样设计的课才能切中课标要求，在课堂中实施起来才能得心应手。如何正确理解教材，把握教材是上好课的前提。

（二）物理教学中的课堂技能

在物理教学中，教师的课堂技能对于教学效果起到关键性的作用。为了提高教学质量，教师应从上课、作业布置与批改、辅导以及成绩检查与评定等方面入手，进行深入的思考与改进。

第一，在上课方面，教师需要准时进入教室，准时下课，并确保中途不随意离开课堂。按照教案规定的时间、内容、方法进行讲课，同时注意调动学生的积极性，妥善处理课中出现的意外干扰，保证教学顺利进行。此外，教师的仪容教态也非常重要，应力求朴素端庄、从容大方、精神饱满，语言表达要准确、清晰、简练、生动、通俗、逻辑性强、速度适中、语调应有抑扬顿挫。在示范操作时，教师应确保所有学生都能看得到，以便更好地进行教学。课后，教师还须负责写教学日志，总结教学效果，为今后的教学提供参考。

第二，在作业布置方面，教师应确保作业符合大纲范围和要求，有助于学生理解、记忆、巩固知识，并形成技能、技巧。同时，要注重作业的训练数量，熟能生巧。在布置作业时，要求应明确，富有技巧训练性质，并尽量结合实际问题、专业应用情况。在作业批改方面，教师需要按时批改、打分、发回作业，并认真进行批改。在"教学考查簿"上记录作业情况，并将作业中普遍存在的问题记入教案，以便在下次课或辅导中解决。

第三，在辅导方面，教师应根据课堂训练及作业批改中发现的问题有目的地进行辅导，如集中解答疑难、指导思考方法、端正学习态度等。特别要注意对缺课生、后进生进行重点辅导。辅导时间可以安排在课堂、课前、课后等时段。

第四，在成绩检查与评定方面，教师需要定期进行学生成绩的检查与评定，以促进学生的练习，巩固与运用知识，明确努力方向。成绩检查方法包括平时考查和阶段考查，而成绩评定则按百分制评分，60 分为合格。评分标准应按照高考的要求，评分应恰当、公正。

第二章 核心素养视角下的物理教学

第一节 核心素养与物理学科核心素养

一、核心素养的认知

"核心素养"指学生应具备的适应终身发展和社会发展需要的必备品格和关键能力，突出强调个人修养、社会关爱、家国情怀，更加注重自主发展、合作参与、创新实践。从价值取向上看，它"反映了学生终身学习所必需的素养与国家、社会公认的价值观"①。从指标选取上看，它既注重学科基础，也关注个体适应未来社会生活和个人终身发展所必备的素养；不仅反映社会发展的最新动态，同时注重本国历史文化特点和教育现状。

在我国，社会主义核心价值观包含了国家、社会、公民三个层面的价值准则。因此从结构上看，基于中国国情的"核心素养"模型，应该以社会主义核心价值观为圆心来构建。此外，它是可培养、可塑造、可维持的，可以通过学校教育而获得。

（一）核心素养与学科教学

核心素养在学科课程教学中发挥着指导和引领的作用，它能够彰显学科教学的育人价值，使教学自觉服务于人的终身发展，从而将"教学"提升为"教育"的层次。同时，核心素养的培养也依赖于各个学科独特育人功能的发挥和学科本质魅力的发掘。只有借助富有活力的学科教学，我们才能顺利实现核心素养的目标。此外，核心素养还是打破学科壁垒的"溶化剂"，它使得各学科教学能够实现统筹统整。例如，"语言素养"并非专属语文学科，体育课中也存在，如手势

---

① 闫战民、李奎武、朱玉廷. 核心素养下的课堂教学［M］. 沈阳：辽宁大学出版社，2018：4.

和眼神等非文字信号能力的运用。

对于教师而言，这是一个巨大的挑战。教师需要从"学科教学"转向"学科教育"的观念转变。学科教师应明确自己的首要身份是教师，其次才是教授某个学科的专家。他们需要明确作为"人"的"核心素养"有哪些，以及学科的本质是什么，从而明确教学应将学生引导向何方。这也是从"知识核心时代"向"核心素养时代"转变的必然要求。

基于"核心素养"完善学业质量标准，可能改变学校以知识掌握为中心的评价体系。一个具备"核心素养"的人并不仅仅等同于"考高分"，还能对学习程度进行刻画，进而解决过去基于课程标准的教学评价操作性不足的问题。当然，这不仅挑战了我们现有的课程设计与评价体系，同时也对校长和教师的教育素养提出了要求，包括从概念到行动的转变，从"知识至上"转向以核心素养为导向的全方位素质要求。

（二）核心素养的价值取向

1. 核心素养在课程改革中的统领性与学生发展中的支撑性

为了深化课程改革，必须精确把握核心素养在其进程中的主导作用以及对学生全面发展的支持功能，并增强对改革方向的自省意识。核心素养与课程改革的深化存在直接且深刻的联系，主要表现为核心素养不仅指明了课程改革的方向和宗旨，而且构成了课程改革的核心目标。在教材编写、教育教学、考试评价及制度管理等方面，核心素养提供了根本性的指导原则。核心素养可视为一种"国家标准"，基于此标准制定的学业质量标准能够明确学生在不同学段、年级和学科中应达到的具体要求，同时指导教师准确掌握教学的深度与广度，使评价体系更能反映人才培养的实际需求。因此，核心素养在课程改革中具有决定性的引领作用，明确并坚持学生发展的核心素养，有助于提升课程改革的目标远见和方向感；有助于课程标准的完善，使之更加明确和具有核心导向；有助于教学改革集中于素养培养，实现从知识传授向素养培育的转变，表现出更深层次的教育超越。

2. 课程改革中的使命与核心素养的培养

面对全球化、信息化和知识社会的挑战，以及国力竞争的日益激烈，合作共赢的发展理念日益得到认同。在这样的背景下，人才培养质量的提升变得尤为重要，而提高质量的首要步骤是提升国民素养。教育领域必须应对这一核心问题，并将之转化为教育改革的主题。此主题集中于学生应具备的最基本、最重要和最关键的知识、能力、情感和价值观，即学生发展的核心素养。因此，我们必须认识到培养学生核心素养不仅是国家发展战略，尤其是人才发展战略在教育改革中的具体体现，而且是对社会主义核心价值观培育和践行的根本任务在教育领域的具体实施和关键路径。这样的视野不仅超越了课程改革的本身，也提升了学生个人发展的价值和意义。

（三）核心素养的现实意义

作为核心素养的载体与体现，学科核心素养逐渐引起学界的关注。只有深入理解了学科核心素养，才能准确理解基于核心素养的新课程改革，为即将全面铺开的新课程标准及其教学提供充分的准备。

1. 定位：基础能力还是独特贡献

在探讨学科核心素养的过程中，我们首先应当从基础能力的视角来理解其核心定位。学科核心素养与学科基础性学习之间存在密切的关联，它源自学科最基本的教学内容，并致力于学习者的素质培育和人格塑造。因此，学科核心素养的关注点不应局限于应试教育中所形成的题海战术和记忆训练，而是应致力于学习者通过学科学习所能够获得的素质和能力的全面提升。学科核心素养与学生的成长历程和学科教学的进展紧密相连，它强调的是学生通过学科学习所能够培育和塑造的素质和能力。从这一视角来看，学科核心素养的培育过程本质上是学习者通过学习实现个体成长的过程。在这一过程中，我们的关注点应放在学习者的人格养成和能力发展上，而不仅仅是知识的记忆和复述。这种教育目标的设计应当是基础性的，能够面向学习者成长的全过程，并对其在较长时期内产生持续的影响。

从学科独特贡献的视角来理解学科核心素养，我们强调的是其学科意义。在多元化的核心素养体系和众多的教育课程中，教育者需要思考如何将多样的素养通过不同的课程整合到学生身上，形成一种整体性的学生素养表现。本书提出，实现这一目标的最根本方法是，各个学科应从自身的特性出发，提炼出对于学生核心素养培育最具价值的内容，将其作为本学科的核心素养，并在教育教学中得以实施，从而发挥其他学科无法替代的独特贡献。学科核心素养的突出价值在于，它实现了学科价值的个性和学生专业成长的综合性的有机结合，体现了学科对学生成长的独特意义和价值。

综上所述，学科核心素养与核心素养之间的关系可以从素养和学科两个维度来阐释。从素养的维度来看，学科核心素养是核心素养基础性作用在学科意义上的具体体现；从学科的维度来看，学科核心素养是核心素养的育人功能与学科价值的有机融合，体现了学科在立德树人根本任务中的价值所在。学科核心素养的培育，既离不开学科的基础性支持，也不能忽视其育人价值。因此，学科核心素养应当是根植于学科核心的素养，它关注的是学生基础素质培育的素质和能力要求。

2. 评价：学科核心素养如何进行评价

在当前课程改革的框架下，对核心素养的关注与评价机制的变革密切相关。学科核心素养的培养需要依赖有效的评价机制，以便将其融入教育教学过程，并实际指导教学实践。因此，理解学科核心素养必须同时考虑其在评价机制中的具体落实方式。只有当学科核心素养能够实质性影响评价过程，对其理解才能更加清晰和准确。结合当前研究进展，本书将从两个角度对这一问题进行深入分析。

（1）学科核心素养应当是可评价的，成为学生综合素质评价和选拔评价的标准和尺度。学科核心素养中的"素养"既包含量化指标的量度，也涉及质的方面。评价与测量活动应最终转化为对基于学科教育目的所实现的教育成果的定性认识。我们旨在培养的是在课堂学习后能够展现出核心素养的学生。此外，学生核心素养的水平存在差异，这些差异既与学生的先天条件相关，也与教育实践活动的过程和效果紧密相连。因此，我们需要基于学科核心素养，进一步将其划分为可以测量学生学业状况的学业质量标准。这一设计需要从核心素养的层级化入手，通过学科核心素养的量化设计，使其成为学生学业质量水平测量的基本依据。

（2）基于学科核心素养的评价模式应当有别于现行的以纸笔测试为主的传统评价模式。为了实现学生的全面培养，基于学科核心素养的评价模式需要从内容和形式上进行转变，采取多元化、多样化的评价方式，以实质性改进评价机制。通过情境式、活动性等多样化形式，实现对学生的学科综合评价。只有这样，才能将评价与课程改革协调，基于核心素养对学生的学业质量水平和综合素质水平进行科学的界定和描述。从平面化评价转变为基于学科核心素养水平的立体评价，是当前课程改革必须做出的努力。这一方面的改革与考试改革相辅相成、相得益彰，不仅能够改善我国教育的生态环境，还能够对未来教育的方向产生积极影响，确保学科核心素养的培养成为学生培养的首要和根本任务。

3. 实施：学科核心素养在教学中该如何呈现

学科核心素养的引入及其在教育实践中的实施，无疑对现行的教育体制构成了挑战。观察到不少教育工作者对此表现出了相当的忧虑，这种担忧在一定程度上反映了教育领域面临的困境。教育过程的转型，即从以目标为导向的传统模式转向以培养学科核心素养为核心的新模式，要求教育从业者在观念和方法论上进行深刻的反思和革新。

首先，就教学理念的变革而言，以学科核心素养为中心的教学模式要求教师重新构建自己的教学观念，并引导学生重塑学习观念。教师的角色不应再局限于传授一套完整的知识体系，而应不断关注于培养学生的核心素养；同样，学生的学习不应仅限于复述和理解由教师传授的知识内容，而应通过积极参与课堂活动以实现素养的全面提升。在这一理念的指导下，教学过程不再是单向的传授，而成为一个融合教与学、围绕学科核心素养展开的综合活动。在此过程中，教师的引导作用得以充分发挥，学生的主体性得到强调，从而在积极参与中发挥潜能，实现真正的素养提升。依托于这样的理念，教师敢于放手让学生自主学习，学生乐于参与，进而激发课堂的创新活力。

其次，在教学方法的探索方面，基于学科核心素养的教学鼓励采取更加灵活和开放的方式。近年来，诸如大规模开放在线课程（MOOCs）、翻转课堂等新型教学模式在各地迅速兴起，并在学生学科核心素养的培养方面进行了有益的尝试，这值得认可。然而，由于受到各种条件的限制，一些有效的新型教学法并未得到广泛应用。某些地区忽视自身实际，盲目模仿他地的"模式"，导致不尽如人意的结果。当学科核心素养被纳入教学实践时，它将打破现有的固定模式，那些能够有效促进学科核心素养发展的教学方法将得到更广泛的应用，而那些停滞不前的旧方法将因其失效而逐步退出历史舞台。尽管这种转变对当前的教育工作者来说颇具挑战性，但唯有经历这样的变革，才能使学科核心素养的要求转化为充满活力的教学实践，同时激发学生更高的学习兴趣和热情。通过自主探索的过程，不仅促进了学生综合素质的发展，也为一线教师提供了展示个人才华的广阔舞台，使他们在面对学生时，有更多机会和手段去发掘符合自身特色的教学方法，以更好地履行教育使命。

（四）核心素养的基本特性

第一，不可补偿性特征。在终身教育或终身学习体系中，大量知识、技能甚至一些素养允许暂时缺失，因为还有机会得到补偿，但有一些错失却无法弥补，如身体的素养，应该成为所有素养中最核心的部分。

第二，不可替代性特征。人之所以满足于幸福，很大程度上是物质不灭替代性的支持，但越是基本的与生存、工作、生活紧密相关的技能与素养却往往不可替代，如规避危险的能力、基本的方法论、基础的审美素养等难以"他山之石，可以攻玉"。

第三，可迁移性特征。内核与外围肯定相连，任何核心素养必然会对人的全面发展有潜移默化的促进作用，如阅读素养、科学素养，早已经超越了学科概念，因为它们在人解决问题的过程中以及人的发展中发挥着综合作用。

（五）核心素养遵循的原则

第一，坚持科学性原则。紧紧围绕立德树人的根本要求，坚持以人为本，遵循学生身心发展规律与教育规律，将科学的理念和方法贯穿研究工作全过程，重视理论支撑和实证依据，确保研究过程严谨规范。

第二，注重时代性原则。充分反映新时期经济社会发展对人才培养的新要求，全面体现先进的教育思想和教育理念，确保研究成果与时俱进、具有前瞻性。

第三，强化民族性原则。着重强调优秀传统文化的传承与发展，把核心素养研究植根于中华民族的文化历史土壤，系统落实社会主义核心价值观的基本要求，突出强调社会责任和国家认同，充分体现民族特点，确保立足中国国情、具有中国特色。

（六）核心素养的总体框架

学生发展核心素养，主要指学生应具备的，能够适应终身发展和社会发展需要的必备品格和关键能力。研究学生发展核心素养是落实立德树人根本任务的一项重要举措，也是适应世界教育改革发展趋势、提升我国教育国际竞争力的迫切需要。

中国学生发展核心素养，以科学性、时代性和民族性为基本原则，以培养"全面发展的人"为核心，分为文化基础、自主发展、社会参与三方面，具体如下：

1. 文化基础

文化是人存在的根和魂。文化基础，重在强调能习得人文、科学等各领域的知识和技能，掌握和运用人类优秀智慧成果，涵养内在精神，追求真善美的统一，发展成为有宽厚文化基础、有更高精神追求的人。

（1）人文底蕴。人文底蕴主要是学生在学习、理解、运用人文领域知识和技能等方面所形成的基本能力、情感、态度和价值取向。具体包括人文积淀、人文情怀和审美情趣等基本要点。

（2）科学精神。科学精神主要是学生在学习、理解、运用科学知识和技能等方面所形成的价值标准、思维方式和行为表现，具体包括理性思维、批判质疑、勇于探究等基本要点。

2. 自主发展

自主性是人作为主体的根本属性。自主发展重在强调能有效管理自己的学习和生活，认识和发现自我价值，发掘自身潜力，有效应对复杂多变的环境，成就出彩人生，发展成为有明确人生方向、有生活品质的人。

（1）学会学习。学会学习主要是学生在学习意识形成、学习方式方法选择、学习进程评估调控等方面的综合表现，具体包括乐学善学、勤于反思、信息意识等基本要点。

（2）健康生活。健康生活主要是学生在认识自我、发展身心、规划人生等方面的综合表现，具体包括珍爱生命、健全人格、自我管理等基本要点。

3. 社会参与

社会性是人的本质属性。社会参与重在强调能处理好自我与社会的关系，养成现代公民所必须遵守和履行的道德准则和行为规范，增强社会责任感，提升创新精神和实践能力，促进个人价值实现，推动社会发展进步，发展成为有理想信念、敢于担当的人。

（1）责任担当。责任担当主要是学生在处理个人与社会、国家、国际等关系方面所形成的情感、态度、价值取向和行为方式，具体包括社会责任、国家认同、国际理解等基本要点。

（2）实践创新。实践创新主要是学生在日常活动、问题解决、适应挑战等方面所形成的实践能力、创新意识和行为表现，具体包括劳动意识、问题解决、技术应用等基本要点。

二、物理学科核心素养

（一）物理学科核心素养的内容

物理核心素养是物理学科育人价值的集中体现，是学生在接受物理教育过程中逐步形成的适应个人终身发展和社会发展需要的关键能力和必备品格，是学生科学素养的重要构成部分。物理核心素养主要包括物理观念、科学思维、科学探究、科学态度与责任四个方面。

1. 物理观念

物理观念，即是从物理学角度出发，对物质构成、运动状态、相互作用以及能量转换等基本概念所形成的深入理解。掌握科学原理、方法和技术的应用，对于学生的全面发展具有重要意义。通过学习基础理论知识，学生应初步掌握物质的构成原理、运动形式、相互作用规律以及自然界中能量的主要形式与转换规律。在此基础上，形成对物质、运动、相互作用和能量的科学观念，并能够运用这些观念来描绘自然界的宏观图景，从物理学的视角出发，合理地解释各种自然现象和实际问题。

2. 科学思维

科学思维主要包括模型建构、科学推理、科学论证、质疑创新等要素。从心理学看，思维是人对客观事物的间接反映，它反映出客观事物的一般性和规律性的联系与关系。思维按照形式可分为抽象思维、形象思维、直觉思维三种。抽象思维是以科学概念、科学原理为素材，以科学判断、逻辑推理等形式，达到对客观事物的本质特征和内在联系的认识过程。形象思维是以直观形象、事物表象为素材，对事物表象进行感受、想象、判断，达到对客观事物本质特征的认识过程。直觉思维是以科学概念、事物表象为素材，运用已有的知识、表象、经验，不经逻辑推理迅速对客观事物做出猜想、判断或者感悟的认识过程。直觉思维是一种心理现象，在创造性思维活动中往往起着关键性的作用。

思维的方法包括分析与综合、抽象与概括、分类与比较、归纳与演绎、具体化与系统化，其中分析与综合是最基本的思维方法。物理学是一门崇尚理性、注重逻辑推理的理论科学。通过物理学科的学习，学生应理解、感悟、内化物理学科的科学思维，能正确运用科学思维方法，从定性和定量两方面进行科学推理，找出规律，形成结论。

3. 科学探究

科学探究主要包括问题、证据、解释、交流等要素，是对学生乐学善学、勤于反思和信息意识等方面的要求。科学探究能力是一种综合能力。探究一个物理问题时，不仅要综合运用分析与综合、抽象与概括、分类与比较、归纳与演绎、具体化与系统化等科学思维方法，还要求探究者具有较强的思维能力、实践能力、组织能力、表达能力、想象能力和创新能力。培养学生的探究能力是物理教师的一项重要任务。

4. 科学态度与责任

科学态度与责任涵盖了对科学本质的理解、科学态度的培养以及社会责任的承担等多个方面。它着重于培养学生对科学本质的认识，要求学生在深入理解科学技术与社会环境（STSE）之间关系的基础上，形成积极的科学态度，并主动承担科学研究的相应责任。

（二）物理学科核心素养的培养

1. 根据课程建设培养

教育的本质在于引导和塑造个体，使其具备全面发展所需的思想品德、能力素养及社会责任感。为实现这一宏伟目标，课程设计成为至关重要的一环。课程作为教育内容和进程的总和，承载着培养目标的重任。在贯彻党的教育方针、全面落实立德树人根本任务的过程中，教育者须不断提升学生的思想品德、创新创业精神、实践动手能力、文化修养、生态文明素养以及综合国防素质。而要使党的教育方针在地方教育中得以贯彻，就必须积极探索建立区域育人课程体系，推进课堂改革，实现区域育人目标的过程。

在区域教育的背景下，课程设计的科学性和有效性显得尤为关键。为了落实党的教育方针、立德树人根本任务以及物理学科核心素养的要求，必须紧紧围绕着"物理观念""科学思维""科学探究""科学态度与责任"这四个核心素养展开课程建设。首先，我们需要在区域课程体系的建设中，构建科学的物理学科课程体系，确保物理学科核心素养培养方案的有效实施；其次，结合物理教学改革的要求和各学校的实际情况，开设具有特色的物理课程，以更好地培养学生的核心素养；最后，针对学生的生活情境，创设校本活动课程，通过实践活动培养和提升学生的物理学科核心素养。

评估监测机制的建立是课程设计过程中不可或缺的一环。只有通过科学的评估监测，我们才能及时了解课程设计的科学性和有效性，引领学校实现育人目标。这需要建立一套完善的评估监测机制，从课程目标的设定、内容的传授、教学方法的运用到学生核心素养的培养，全方位地对课程进行评估监测，及时发现问题并加以解决，从而不断提升课程设计的水平和质量。

综上所述，课程设计不仅是教育工作中的一项重要任务，更是实现育人目标的关键一环。只有通过科学的课程设计，结合地方实际情况，不断探索创新，才能有效地引导学生全面成长，实现教育的根本目标。因此，建立科学的区域育人课程体系、推进课堂改革，并通过完善的评估监测机制引领学校实现育人目标，是当前教育工作中亟待解决的重要问题。

2. 根据课堂教学培养

物理学科的核心素养，意味着更多的是一种思维方式、一种解决问题的态度，而不仅仅是知识的积累。在当前教学背景下，要想真正培养学生的物理核心素养，传统的教学方式显然已经不足以胜任。因此，物理课堂教学必须面对深刻的变革，引入先进的教学理念，将核心素养贯穿于教学的始终。这种变革不仅仅是对教学方法的更新，更是对教育理念的革新，使得物理课堂真正成为学生思维、态度和价值观培养的重要场所。

（1）将目光从简单的物理知识传授转向物理教育的广阔领域。传统的物理教学往往局限于知识的灌输，而忽略了对学生整体素养的培养。为了改变这一状况，我们必须以物理核心素养为指导，将科学观念、思维方式、探究精神以及责任感融入教学的方方面面，使得学生在学习物理的过程中不仅仅是获取知识，更是在塑造自己的科学人格。

（2）意识到物理教学不仅仅是对学术形态的追求，更是对教育形态的关注。在传授物理知识的同时，我们应该引导学生去探索知识背后的深层意义，培养他们的批判性思维和创新精神。这种转变意味着我们需要更多地关注学生的思维过程，而不仅仅是结论的得出。只有这样，学生才能真正理解物理学不仅仅是一堆公式和定律的堆砌，更是一种解决问题的方式和思考方式。

（3）从结论导向的教学模式转向科学思维过程的重视。物理学的核心素养之一就是科学思维能力的培养。因此，在教学中，我们不应该只关注结果的正确与否，更应该关注学生是如何得出这个结果的，他们的思考过程是如何的。通过引导学生去探索问题的背后逻辑，培养他们的探究精神和问题解决能力，才能真正达到物理教育的目的。

（4）创设问题情境，唤起学生的内在驱动力，让他们成为学习的主体。在课堂教学中，我们应该尽量使用生活化的例子来引入物理问题，让学生从自身已有的经验中去理解和解决问题，这样不仅能增加学习的趣味性，也能够更好地培养学生的理论联系实际的能力。同时，我们还应该注意选择与学生感兴趣的素材，用生动活泼的语言来展示物理概念和规律，从而引起学生的兴趣和好奇心。

综上所述，要想真正实现物理课堂教学的变革，我们必须秉持以学生为中心的教育理念，注重培养学生的核心素养，引导他们去探索问题的本质，激发他们的学习兴趣和内在动力。只有这样，我们才能真正实现物理教育的目标，让学生在学习物理的过程中不仅仅是获取知识，更是塑造自己的科学人格，成为未来的科技创新者和社会发展的推动者。

3. 根据质量监测培养

新课标增加了"学业质量"部分；明确了学业质量是对学生多方面发展状况的综合衡量；确立了新的质量观；改变了过去单纯看知识、技能的掌握程度的做法，引导教学更加关注育人目的；研制了学业质量标准，把学业质量划分为不同水平，可以帮助教师更好地把握教学要求，因材施教，也为考试评价提供了依据。物理学业质量标准是依据物理学科核心素养中的"物理观念""科学思维""科学探究""科学态度与责任"四个方面及其水平，结合课程内容的要求而制定的。

同时，为了全面贯彻党的教育方针，落实立德树人根本任务，检验学科核心素养的培养程度，每年在区域内所有中学开展教育质量全面监测，充分发挥监测评估改进教师教学方式、推动学校发展、促进学生成长的功能，特别是监测评估对学生核心素养培养提升的导向功能。

第二节　核心素养视角下的物理概念教学

物理概念是反映物理事物本质属性的一种思维形式，它是构成物理判断和进行物理推理的基本要素，也是物理知识的最基本的组成部分。一般而言，物理概念形成的过程，要经历对物理事物的感知，对事物的属性进行分析、综合、比较，舍弃它的非本质属性，抽象出它的本质属性，并把这种本质属性概括到同一类物理事物中去等几个阶段。如何在物理概念教学中培养学生的科学探究能力、科学态度和价值观等，是物理教学的重要课题。

一、物理概念及其教学解读

（一）物理概念的基本特征

自然界事物在物理运动、变化和发展方面的本质属性多种多样，因而也就存在众多的物理概念，且不同概念之间存在着明显差异。物理概念主要具有如下特征。

1. 客观性特征

物理概念是观察、实验与科学思维相结合的产物，要认识物理的本质属性，必须对客观存在的物理现象进行观察、分析、抽象、概括等一系列思维运动。物理概念不但以客观存在的物理事实为基础，而且是对客观物理事实和物理现象更为深刻的认识。

2. 可测性特征

物理概念除了具有反映物体的物理性质外，大多数物理概念都表示成一个物理量，反映物体性质改变的变化量，即具有定量的性质，它总是与数学和测量联系在一起，可以直接或者间接测量，具有可测性。物理学在其发展过程中，成功地引用与运用数学表述和研究物理运动，并且用各种形式把物理概念量化，用物理量表示，如速度、电阻、质量等。这样不仅使物理概念得到了量化，而且使物理学发展成为一门定量的学科。

3. 相对性和局限性特征

在物理学领域，概念的相对性与局限性是不可忽视的重要特征。这些概念是在特定条件和范围内形成的，因此它们的适用性也受到这些条件和范围的限制。超出了这一范围，往往会导致结论的不准确性或不适用性。例如，在低速宏观运动条件下，质量与物体的运动状态无关，然而在高速运动条件下，这个结论就不再适用。这种相对性和局限性是由物理学的发展和实践所确定的，其核心在于适用条件的界定。另外，许多物理量也具有相对性，这意味着它们是相对于特定的参考点而言的。以速度为例，它的大小和方向都取决于所选择的参考系。这种相对性在教学中需要被强调和理解，以避免学生对概念的误解和混淆。对于不同阶段的学生来说，他们对概念的理解往往处于不同的层次，这是一个逐渐发展的过程。教师在教学中应该充分考虑到这一点，结合学生的心理和生理实际因材施教。因此，教学应该注重层次性，循序渐进地引导学生理解物理概念的本质和适用条件，而不是简单地传授知识。

（二）物理概念的层级分析

"物理概念之间存在关联，并且具有层次性。"① 通常把组织整合学科自身内

---

① 赵洁. 基于核心素养的物理学科能力探究［M］. 北京：现代出版社，2019：14.

容的少数关键概念，比如能量、运动和相互作用等，称作物理学科核心概念。物理学科核心概念的学习需要通过与其相关的具体物理概念的学习逐渐深入。所谓具体物理概念是指物理学中适用范围较小的、最基础的物理概念。例如，"运动与相互作用"是物质科学的学科核心概念之一；而"运动"是比核心概念相对具体的、低层次的概念；促进运动概念学习的具体物理概念包括参考系、位移、速度、加速度等。

从物理学知识特点看，物理学是由事实、概念、规律与方法构成的系统化理论体系，本身具有内在统一性。物理学科的内在统一性，要求学生从整体上建构科学概念体系。从物理教育的功能看，促进学生科学素养的提升是物理教育的功能之一，而学科核心概念不仅是科学素养的重要组成部分，也是学生进行科学探究的思维框架，还是学生未来科学素养进一步获得提升的"支架"。因此，在物理教学中应该选择"少而精"的学科核心概念组织教学。

1. 物理概念层级结构模型

物理概念层级结构模型的构成要素包括四个层次的物理概念以及它们之间的联系，按照抽象概括水平从低到高依次为"基础概念""重要概念""主题核心概念"和"学科核心概念"，其中重要概念层次分为基本概念和关系概念两个亚层次。之所以把重要概念分为两个亚层次，主要是因为：第一，一个学科的重要概念构成了这个学科的知识主体，重要概念数量较多；第二，大量的重要概念之间具有一定的层次结构。

（1）学科核心概念。学科核心概念在层级模型中处于最高层级，属于包摄性水平最高的物理概念。从涉及的领域看，学科核心概念跨越学科内单一主题，几乎涵盖学科内各个主题，如能量概念涉及物理学科的力学、电磁学、热学、光学、原子物理等各个主题。

从物理概念的重要程度看，学科核心概念是组织整合学科自身内容的少数关键概念，是当代科学教育研究关注的热点，是学生科学认识发展的核心。这些内容能够展现当代学科图景，是学科结构的主干部分。科学教育领域中的学科核心概念是指四个具体科学研究领域（物质科学，生命科学，地球和空间科学及工程、科技与科学应用）中处于核心地位的科学概念或观念。学科核心概念超越了那些孤立而散乱存在的事实或技能，对减轻学生的认知负荷、促进学生形成对自然界的整体认识具有重要作用，能有效促进学生理解学科知识、建构学科体系。

（2）主题核心概念。主题核心概念是学科核心概念在主题中的具体化，在物理概念层级结构模型中介于学科核心概念与重要概念之间，抽象概括程度也介于两者之间。

从物理概念涉及的领域看，主题核心概念是组织整合某个主题内容的少数关键概念；而学科核心概念则是在学科范围内贯通各主题的科学概念。显然，相对于学科核心概念，主题核心概念涉及的领域较狭小。例如，"运动与相互作用"作为学科核心概念涉及物理学科内全部主题，而"机械运动"作为这一学科核心概念下的主题核心概念仅涉及宏观物体的机械运动。从主题核心概念在概念体系中的地位看，主题核心概念具有承上启下的功能。主题核心概念是对若干重要概念具有统领价值的概念；同时，主题核心概念又是构成学科核心概念的主要成分，支撑学科核心概念。

（3）重要概念。重要概念是学科核心概念在研究对象上的具体化。在物理概念层级结构模型中处于主题核心概念和基础概念之间，抽象概括水平也介于两者之间。重要概念是构成科学理论体系的基石，是科学知识的主要组成部分。学科核心概念和主题核心概念不是孤零零的，而是由它们统领下的大量重要概念及其关系组成的。学生通过学习这些重要概念及其关系共同促进其对核心概念的理解。

根据重要概念对客观事物描述的角度不同，可分为基本概念和关系概念。基本概念往往是在探索自然规律的过程中，在学科核心概念范围内为了描述研究对象的单一属性而人为定义的物理概念。许多基本概念可以量化，在物理学中一般称为物理量。关系概念是把两个以上的基本概念连接在一起，以达到对客观事物进行更加全面描述的目的。关系概念既反映了基本概念之间的关系，又反映了不同学科核心概念之间的联系。需要指出的是，关系概念中两个基本概念是彼此独立的，不同于基本概念的定义式。

一般而言，基本概念描述的是直接观测到的事物客观属性；而关系概念描述的则是事物客观属性之间的关系。事物客观属性之间的关系一般不能通过直接观测得出，需要通过科学推理得出。因此，关系概念具有比对应的基本概念更高程度的抽象概括水平。

在同一主题核心概念下的若干基本概念之间也可能表现出不同层级，如位移、速度与加速度之间具有较明显的层级。位移是对质点位置变化的直接描述；速度则是在位移基础上建立的，目的是描述位置变化快慢；而加速度又是建立在速度基础之上，目的是描述速度变化快慢。因此，位移、速度、加速度三个概念的抽象概括水平依次递进。

有些基本概念的外延并不一定局限于某个特定主题。例如，波长本是机械波主题下引入的基本概念，同时也是描述电磁波性质的基本概念。也有些基本概念甚至跨越学科，成为各学科共同关注的基本概念。例如，物理学中的熵这一基本概念已经渗透到经济学、社会学等领域。

（4）基础概念。基础概念是不局限于主题核心概念甚至学科核心概念的科学概念，处于物理概念层级结构模型的最低层，是从学习者的知觉感受直接概括出的概念。基础概念是人类建构物理概念，并以此认识客观世界的起点或者工具。例如，时间是若干学科核心概念统领下的基础概念，是人类认识客观世界的重要工具。

基础概念一般与生活、生产实践中的现象、事实直接对应或者紧密联系；而有些基础概念则来自数学等基础学科。基础概念是定义基本概念的基础和前提，抽象概括程度显然低于基本概念。大部分基础概念是定性的，并且具有较高的直观性。例如，运动学主题下的基础概念包括参考系、质点、位置等。这些概念与人们日常生活的知觉有密切关系，是认识位移、速度、加速度等基本概念的基础和前提，也是认识运动现象的最基本起点。

综上所述，重要概念和基础概念都是连接核心概念的，并且促进学生对核心概念的理解。因此，重要概念和基础概念都属于本书提出的具体概念范畴。

2. 物理概念层级的再划分

（1）划分物理概念"阶"的依据。物理概念层级结构中"阶"的划分一直是一个难点。

第一，已有科学概念结构与层级关系研究的启发。层级结构是诺瓦克等的概念图的一个重要特征。概念图中，按照概念的概括水平从高到低依次为关键概念、一般概念、概念和实例。同一知识领域中的概念依据其概括水平不同而分层排布，关键概念的概括性最强，处于概念图的最上层；具体的实例位于概念图的最下层。

肖瓦尔特科学概念层级理论①指出，科学概念可分为知觉感受、直接概念、事实、定律、创设概念、原理、理论七个层级。但是，肖瓦尔特的科学概念层级

① 肖瓦尔特科学概念层级理论针对科学知识和概念学习，提出了一个层次结构的模型，用以描述学生在一个科学领域内从简单到复杂的概念理解和认知过程。这个理论的核心思想是，学生首先需要掌握基础的概念和事实，然后在此基础上构建更复杂的概念网络。

理论并没有明确提出一以贯之的层级划分标准，其存在两个变量：概念认知复杂度和概念本体复杂度。从某种意义上讲，肖瓦尔特科学概念层级理论中，从知觉概念到创设概念更多的是从科学概念的认知过程角度建构学习层级结构；而从创设概念到理论概念却是从概念本体角度描述概念层级结构。选择哪些科学概念作为科学教育中的核心概念，是当今科学教育的一个重要话题。比较有影响的科学教育研究团体或者研究者等均提出了各自的选择标准。

总结这些研究，对本书中的概念层级结构研究主要有以下启发：概念的抽象概括水平可以作为概念层级结构划分的重要依据之一。之所以如此，主要是因为选择核心概念的标准具有共性，主要包括：从概念内涵的抽象概括水平看，核心概念相对于一般科学概念是对更大范围内的自然现象进行的抽象概括，应该具有更高的抽象概括性；从概念的解释力来看，核心概念相对于一般科学概念可以适用于更大范围内的对象，应该更具有普遍性；从概念在学科体系中的地位看，核心概念应该占据学科知识体系的核心位置，或者更具有文化意义；从学生可持续发展的角度看，核心概念应该在较长一段时间内与学生的生活、学习紧密联系，并在更大程度上影响学生的能力发展。比较上述核心概念的标准可以发现：他们具有较大的内在一致性，抽象概括水平较高的概念往往具有较强的解释力，也往往处于学科知识体系的核心位置。并且已有研究表明：这样的概念更能有效地促进学生思维能力的发展。

第二，对物理概念特点分析的启发。由于不同核心概念统领下的具体物理概念在数量、抽象程度，以及其涉及的跨学科概念、物理思想方法等若干方面都存在较大差异，这是导致物理概念之间存在"阶"的主要原因。因此要从概念本质层面分析概念之间的"阶"，需要具体概念具体分析，很难找到统一标准。总体看来，从"阶"产生原因的角度分析，"阶"的种类主要包括：由于研究角度的变化而产生的阶，比如从点电荷受力的角度研究电场而定义的电场强度及其形象化描述电场线，与从能量的角度描述电场而定义的电势、电势能、电势差等概念之间存在明显的"阶"；从熟悉的日常概念到领域或者主题内定义的概念之间可能存在"阶"，例如，在电场力与电场强度之间存在"阶"，其中还蕴含超距作用力到场概念的转变；从单个概念到建立概念间的联系而形成的关系概念之间可能存在"阶"，例如电势差与电场强度之间的关系概念与电势差概念之间存在"阶"；由于研究对象从单个物体转变为系统而产生"阶"，比如从功能关系到机械能守恒，再到能量守恒存在"阶"。

需要指出的是，上述概念之间存在的"阶"只是举例说明，并不是全部。

（2）分析物理概念"阶"的基本思路。分析物理概念"阶"的基本思路主要包括：第一，依据物理概念层级模型，把学科核心概念统领下的大量具体概念粗略划分为主题核心概念、关系概念、基本概念和基础概念等若干层次；第二，从物理学及其学科的角度，在分析物理概念之间的逻辑关系的基础上，分析这些联系的性质，哪些能反映概念之间的本质差异，哪些并不能反映概念之间的本质差异。存在本质差异的概念之间便存在"阶"。

3. 物理概念层级的逻辑关系

物理学科和物理概念的特性决定了物理概念之间具有丰富的逻辑关系。科学教育领域内关于概念关系的研究一直受到研究者的重视，例如诺瓦克等提出的概念图、肖瓦尔特提出的科学概念层级理论等都强调概念之间的逻辑关系。

由于物理概念描述的对象、概括化水平、功能等方面各不相同，物理概念之间的关系种类有多种。概括起来，物理概念之间的关系大致包括以下类别：

（1）概念间的包摄关系，或称作上下位关系，即两个概念由于外延的大小不同，而产生的包摄水平不同。例如，机械运动概念是比匀速运动和匀变速运动等概念包摄性更强的概念。

（2）概念间的表征关系，即两个概念在描述事物的同一本质特征时使用不同的表征手段。例如，电场线是对电场强度概念的形象化表征。

（3）概念间的逻辑递进关系，即一个概念是在另一个概念的基础上进一步经过逻辑推理得出的。例如，加速度、速度、位移、位置间的关系，位移是对位置变化的描述，而速度是对位置变化快慢的描述，加速度则是进一步对速度变化快慢的描述。

（4）概念间的构成关系，即一个概念反映的是其他几个概念之间的关系，那么这个概念与其他几个概念便是构成关系。例如，牛顿第二定律反映的是物体运动的加速度与物体质量和所受合力的关系，加速度、力、质量三个概念与牛顿第二定律之间便是构成关系。

（5）概念间的解释关系，即一个概念是对宏观现象与事实的抽象概括，而另一个概念是对宏观现象与事实产生机理的解释。例如，电场强度 $E = F/q$ 是对电场强弱和方向的描述，而电场强度 $E = kQ/r^2$ 则是对点电荷电场中电场强度大小和方向产生机理的解释。

（6）概念间的属性关系，即一个概念是另一个概念的属性。例如，电荷与电荷守恒定律之间就是属性关系，电荷守恒定律是电荷在转移过程中遵从的属性。

需要说明的是，概念之间逻辑关系的具体内容包括两部分：一是两个概念之间的连线，一个概念对应的连线越多，说明发自这个概念或者指向这个概念的关系越多；二是连接词，即两个概念之间的具体关系。两部分共同描述概念之间的逻辑关系。

（三）物理概念教学的要求

物理概念的形成是一个复杂的过程，涉及对现实世界的观察、对现象的抽象以及逻辑推理。在这个过程中，建立逻辑数学结构是物理概念形成的最终表现，这包括概念结构、数学结构和知识结构。在课堂教学中，对物理概念的教学应关注以下两个方面：

第一，要使学生清楚物理概念的建立过程。学生主要通过两个途径形成物理概念：一是通过观察生活经历、自然现象和物理实验，经过物理思维的加工和科学归纳，从而形成概念；二是基于已有的概念，通过演绎推导的方法得出新的物理概念。

第二，学生需要理解物理概念的数学表达式、物理意义和单位。例如，密度是描述物质在空间分布密集程度的物理量。如果某物质的质地为 m，均匀分布在体积为 V 的空间里，则该物质的密度的数学表达式为 m/V。密度的物理意义是单位体积的某种物质的质量，它是反映物质特性的物理量，只与物质的种类有关，与质量、体积等因素无关。在国际单位制中，密度的单位为 kg/m^3，常用的密度单位还有 g/cm^3 等。

因此，在物理教学中，教师需要引导学生经历物理概念的形成过程，帮助他们理解并掌握物理概念的数学表达式、物理意义和单位。只有这样，学生才能真正理解和运用物理概念，为更深入的物理学习打下坚实的基础。在这个过程中，教师需要耐心引导，激发学生的思考，培养他们的物理思维能力。同时，教师还应注重实际操作，让学生在实践中感受和理解物理概念，提高他们的实践能力。总之，只有全面理解物理概念，学生才能在物理学领域取得更好的成绩。

（四）物理概念的教学过程

物理概念教学具有连贯性、重复性、递进性，对概念的认识是螺旋式上升的，学生学习概念是循序渐进的，需要一个由浅入深、综合概括、抽象思维的过程。物理概念教学过程的主要环节有"创设情境，引入概念""思维加工，形成概念""运用概念，巩固深化"三个阶段。有些概念形成过程简单，内容不多，可以在一节课内完成上述三个阶段。但是绝大多数的物理概念教学是不可能在一节课内完成所有环节的，有些概念教学可能需要在一章、一学期等较长的一段教学时间内才能完成。

1. 创设情境，引入概念

物理概念教学首先要解决的问题是为什么要引入这个概念。利用学生原有认知和演示实验、图片、课件、视频录像等多媒体创设情境，能激发学生学习兴趣，使学生获得感性知识。如在教学速度、摩擦力、惯性等概念时，都可以列举一些比较典型的物理现象，再让学生通过观察、分析、综合、抽象等，认识这些典型物理现象的某一本质属性，初步形成相关的物理概念。学生的头脑中都存在一些前概念，有些前概念有助于形成正确的科学概念，也有些前概念对形成正确的概念有阻碍的作用。如学生对生活中摩擦力的观察，往往会对摩擦力的方向有错误的观念。又如，学生在生活中常见到运动快的物体停下来需要更长的时间，学生就可能认为惯性大小与物体运动速度有关。这些错觉更需要教师创设情境，消除不利影响，实现认知的顺应过程。

2. 思维加工，形成概念

"思维加工，形成概念"是概念教学的第二个阶段。在这个阶段，学生要对相关事物进行一系列的思维活动，把感性认识上升为理性认识，给概念下定义，理解概念的内涵及明确概念的外延，从而形成初步的概念。物理概念的建立是一种创造性的工作，是人脑对物理现象和物理过程等感性材料进行整理加工的过程。教师要精心选择典型事例，有意识地突出本质属性。

（1）抽象：揭示事物本质。科学抽象必须经过学生头脑的思考。如果不引导学生进行科学抽象，而由教师包办代替，甚至简单地搬出结论，并要学生记住，其结果往往是学生的认识还是停留在感性阶段，或者感性的东西与理性的东西在他们的头脑中还是处于分离状态，认识并没有实现从感性到理性的飞跃。另外，要根据教学具体内容和其他教学实际，审慎地引用某一个或几个典型的事例，许多情况下引用的事例不是越多越好。

（2）定义：明确概念内涵。在严谨的学术研究中，定义概念是揭示其内在含义的关键步骤。因此，为学生提供物理概念的定义时，必须确保他们已对该事物的本质属性有充分的认识和理解。过早地给出概念定义，可能会使学生觉得这些概念是抽象且难以理解的，他们可能会疑惑为何这样定义，这不利于他们形成准确的概念认知。为了确保学生能够正确理解和掌握概念，定义必须在他们已具备形成这些概念所需的清晰观念之后才能提出。这样的做法更有助于培养学生的理性思维和学术表达。

（3）理解：领悟概念意义。教师要用多种方法和途径开展一些帮助学生理解物理概念的意义的活动。首先，应引导学生用自己的话来表述对概念的定义，并让学生分析用自己的话表述的概念与书本中概念定义的差异。如果学生能用自己的话正确表述出物理概念的定义，就说明他们已初步理解了物理概念的意义，否则就是没有真正理解概念。其次，教师应引导学生理解定义中各个物理量或物理概念的关系。最后，教师要提供一些相似的概念，让学生分析这些相似概念之间的区别与联系。另外，可以提供一些问题或练习，让学生运用概念解决问题或运用概念做练习，以帮助学生理解物理概念的意义。

3. 运用概念，巩固深化

在学生形成并领悟了物理概念以后，要通过运用概念做一些练习和解决一些问题，帮助学生巩固和深化所学的物理概念。为了帮助学生循序渐进地巩固和加深对概念的理解，教师要注意练习难度的层次性。如先让学生做简单的识记层次的练习，检查学生对所学概念的识记情况；然后让学生做一些简单的理解层次的练习，检查学生对所学概念的理解程度和错误之处；再进行较复杂的分析与应用类型的练习，强化学生对所学概念的进一步理解。

（五）物理概念教学的策略

物理概念教学是物理教育的重要组成部分，其目的是使学生理解和掌握物理概念，形成正确的物理思维方式。由于物理概念的性质、建立过程及难易程度的不同，物理概念教学通常采用抽象概括、演绎推理、实验探究、类比等效和比值定义五种教学方式。选择何种教学方式，需要综合考虑物理概念的内涵特点、学生的学习水平以及学校实验设备条件等因素，采取恰当的教学策略。

第一，抽象概括教学方式。抽象概括教学方式是从教学目标的角度出发，撇开个别的非本质因素，抽出主要的、本质的因素进行研究，将一类物理事物共同的、本质的属性联合起来，从而建立一个新的概念。这种教学方式主要应用于定性的概念，如光源概念的教学。通过展示多种本质属性相同或相似的感性材料，创设各种物理情境，分析各种物理现象、过程的共性，形成概念。

第二，演绎推理教学方式。演绎推理教学方式是从已有知识出发，以学生掌握的概念为前提，在旧知识的基础上通过逻辑关系和数学方法推导出新的概念和新的知识。这种教学方式常常用于定量的概念或前后联系紧密的概念教学，如光线概念的教学。

第三，实验探究教学方式。实验探究教学方式是在教师的主体作用下，通过动手实验经历与科学家进行科学探究的类似过程，分析实验结果，得出实验结论，获得新知识。物理课程标准将科学实验探究作为课程改革的突破口，特别强调科学探究在物理课程中的作用，倡导部分或完整的探究性教学，培养学生的创新能力。

第四，类比等效教学方式。类比等效教学方式是用已知的物理概念同未知的物理现象相比较，找出它们的共同点、相似点或相联系的地方，然后以此为根据推测未知的物理现象也可能具有的已知概念的某些特性。

第五，比值定义教学方式。比值定义教学方式是一个物理量采取比值的形式定义，常用于物质属性、特征或物理运动特征的定义，如密度、压强、速度等。

总而言之，在物理概念教学中，教师应根据具体的教学目标和学生的实际情况，灵活运用不同的教学方式，提高教学质量，帮助学生更好地理解和掌握物理概念。

二、物理概念教学中的核心素养体现

学生核心素养的培养是时代发展的趋势，也是教育水平不断进步的标志。随着核心素养的提出，教师需要更多地关注学生的学习能力，将核心素养贯彻课堂，制定出新的教学方法，提升学生的学习效率。

物理核心素养，作为物理教育的关键目标之一，为教学活动提供了明确的导向和指引，帮助教师深化对教学内容和方法的理解，从而有效提升教学质量和效果。它清晰地阐述了我们在培养学生时应着力塑造的能力和品格。在物理学习中，概念课占据了至关重要的地位。它旨在引导学生深入理解并掌握基础的物理知识和原理，进一步形成科学的思维模式。换句话说，概念课的目标是培养学生的理解力，而理解力的培养正是对物理核心素养中"物理观念"和"科学思维"的检验和体现。因此，教师在授课过程中，应当始终贯彻物理核心素养，以帮助学生更好地理解和掌握物理基本概念。

（一）物理概念教学中核心素养的体现内容

在概念课的教学过程中，我们的目标是使学生能够准确地掌握物理概念和规律，为他们后续在分析、推理、数学处理及实验等方面的应用打下坚实的基础。为了实现这一目标，我们需要重点培养学生的两种物理核心素养：物理观念和科学思维。

第一，物理观念，是指学生在学习物理知识的过程中，从物理学的角度对客观世界进行的概括性认识，它包括了对物质、运动与相互作用、能量等方面的基本理解。这是学生在学习过程中对物理概念和规律的深入理解和内化，是对知识的一种提炼和升华。

第二，科学思维，则是指学生运用物理学的方法和视角去认识和理解客观事物的本质属性和内在联系。它基于学生的实际经验，通过抽象概括、推理论证等科学方法去探索事物的本质。科学思维是学生在学习过程中形成的一种重要的能力和品质，它能够帮助学生提出创新的观点，形成对问题的深入理解。

总体而言，在概念课中贯彻物理核心素养，是为了帮助学生深入理解物理知识和原理，形成科学的思维模式；从而提升他们的物理素养，为他们的终身学习和发展打下坚实的基础。

（二）物理概念教学中核心素养的体现途径

如何提高学生的物理核心素养一直是物理教师关注的重点。针对物理概念教学，主要从以下两方面来分析如何更恰当地贯彻物理核心素养：

1. 提升学生的理解能力

无论是物理观念还是科学思维的形成，都与学生的理解能力密不可分。提升学生的理解能力，首先应该加深对物理量的理解。学生不仅应该知道物理量的符号和名称，还应该理解其相关背景、外延和深刻内涵。通过对物理量的深入理解，学生能够更好地把握物理概念的本质。其次，学生应该加深对适用条件的理解。要区分普遍成立和特殊条件下的成立，仅仅死记硬背概念、公式是无效的。培养鉴别错误观点和似是而非说法的能力，能够帮助学生更好地应用物理知识。最后，学生应该把概念和规律融会贯通。只有把所有的知识点融会贯通了，才能够理解一些复杂的物理问题。通过将各个概念和规律相互联系，学生能够形成一个完整的知识体系，从而提高物理核心素养。

2. 注重基础知识和思维活动过程的教学

物理观念和科学思维的形成，要经历一系列过程，不可能一蹴而就。因此，要促进物理观念和科学思维的形成，首先要注重基础知识的教学。教师要帮助学生建立网格化、有序化、条理化的知识结构，为学生的深入学习奠定坚实的基础。其次要加强思维活动的教学。教师在课堂上要调动学生的积极性，让学生的思维跟随教学节奏，逐步形成"抽象-具体-总结"的思维活动过程。通过这种方式，学生能够更好地理解和运用物理知识，提高物理核心素养。

综上所述，要提高学生的物理核心素养，教师应当注重提升学生的理解能力，包括对物理量的深入理解、对适用条件的理解和将概念和规律融会贯通。同时，教师还应该注重基础知识和思维活动过程的教学，帮助学生建立有序的知识结构，培养学生的科学思维能力。

（三）物理概念教学中核心素养的体现效果

贯彻物理核心素养之后，课堂教学与之前相比已经产生了明显的变革。我们下面从教师授课的角度和学生学习的角度来深入探讨这些变化。

首先，教师授课的方式更加多样化，内容更加具有针对性。为了让学生更好地理解物理概念和物理规律，教师们尝试了各种授课方式，如通过微课、实验、讨论等多样化的形式来辅助教学。这些教学方式不仅丰富了课堂，还使学生能够从多个角度理解和掌握物理知识。同时，教师们在授课内容上也更加注重针对性，紧密联系考试要求和学生实际需求，确保学生能够掌握必要的物理能力和素养。

其次，学生学习的目标更加明确，过程更加科学合理。物理核心素养的贯彻实施使得学生在学习过程中有了明确的目标和方向。学生需要有针对性地培养和具备相关的物理核心素养，不仅提高了学习的目标性，还使学生的学习更加有计划和系统。为了更好地培养学生，学校和教师在设置学习过程时更加科学、合理，避免了以往胡子眉毛一把抓的学习方式。这种有针对性的学习过程有助于学生更快地具备相关核心素养、提高学习效果。

物理核心素养的提出是教育课程改革的重要成果之一，它明确了教育的培养目标，即培养具有全面素质和创新能力的人。物理核心素养已经深入物理课堂教学，成为高考大纲的必然要求，也是提高学生物理综合素质的必然要求。学生要具备物理核心素养，就必须不断改进学习方法、提高学习能力。同时，教师作为课堂教学的实施者，也需要不断加深对物理核心素养的理解，结合教学大纲，为提高学生的物理核心素养不断努力。

总体而言，贯彻物理核心素养后，课堂教学发生了明显的变革。教师授课方式更加多样化，内容更具针对性；学生学习目标更加明确，学习过程更加科学合理。这一变革有助于提高学生的物理综合素质和创新能力，培养符合时代需求的人才。然而，也需要注意到，在实施过程中可能还存在一些挑战和问题，如教师对物理核心素养的理解和运用程度不一，学生学习效果的评估等问题。因此，进一步研究和探索如何更好地贯彻物理核心素养，提高课堂教学质量，是我们的重要任务。

第三节　核心素养视角下的物理教学策略

在当今的社会背景下，教育理念也随之进行改革。学校和家长需要转变传统的教育思想，明确学习的内涵。学生接受教育不仅需要掌握知识，更要懂得如何运用知识在生活中创造价值。物理是一门具有科学性的学科，需要学生拥有良好的科学思维与动手实践能力。在核心素养背景下，教师要加强对物理课堂的设计，让学生能够重新审视物理这门学科，充分发挥物理教学在学生综合素质培养中的重要意义。核心素养背景下物理教学策略具体如下。

一、创设教学情境，激发学生学习兴趣

教学情境的创设是提升教学效果的重要手段，它能有效激发学生的学习兴趣，提高学生的学习积极性。学生天性活泼，对于日常生活中的种种现象有着浓厚的探索兴趣。物理教师应当充分利用学生的心理特征，联系生活实际，为学生创设教学情境，让学生在他们感兴趣的课堂环境中对物理知识进行探索，提升学生对物理学习的兴趣，充分调动学生的积极性。

在实际的教学中，教师需要对教材内容进行深度挖掘，结合学生对于生活现象的好奇心，构建生活化的场景。教师引导学生在生活场景中观察物理现象，从而实现自身核心素养的提升。例如，教师利用装水的盆、镜子、手电筒等工具，通过光的色散原理，在教室中投射出一条彩虹，将学生带进一个雨过天晴的生活情境当中去，调动学生的积极性。教师让学生通过对教师自制的"彩虹"进行观察和研究，结合课前预习的物理知识内容，来思考彩虹的形成原理。之后，教

师在与学生的讨论与互动中，引导学生带着所学习的物理知识去尝试制作彩虹，让学生在美丽的彩虹情境中，对于光的折射、光的色散等物理概念有更清晰的了解。

二、加强课堂互动，培养创新意识

在教学过程中，加强教师与学生之间的互动是培养学生创新意识的关键。通过良好的互动，师生之间可以形成良好的交流，让学生在教师的引导下，不断发散自身的科学思维，培养学生的创新意识。在核心素养的背景下，教师应培养具有灵活思维能力的学生，引导学生利用所学的知识提出疑问，产生各种奇妙的新观点。虽然这些观点可能不正确，但教师在课堂上要鼓励学生去思考、去探索、去想象。通过创设教学情境和加强课堂互动，我们可以有效地提升学生的学习兴趣和创新意识，从而提高教学的效果。在实际教学中，教师需要不断尝试和探索，以找到最适合学生的教学方法，为学生的全面发展奠定基础。

三、革新教学模式，培养科学思维

在当前的教育实践中，物理作为一门探索自然界基本规律的科学学科，其内容往往包含了许多抽象的概念和理论。这些概念对于学生来说，理解起来可能会显得比较困难，尤其是当教学方式过于单一，仅仅依赖于传统的课堂讲解时，学生很难形成对这些抽象概念的直观理解。这种状况如果长期得不到改善，可能会导致学生对物理学科的兴趣逐渐减退。

为了解决这一问题，教师在教学过程中应当寻求创新，探索多元化的教学方式，以便更好地激发学生的学习兴趣和提高他们对物理知识的理解能力。具体来说，教师可以深入挖掘生活中的物理现象，将这些现象与课堂教学相结合，为学生构建一个生动、实用的学习环境。通过这种方式，学生可以在日常生活的语境中感受到物理知识的实际应用，从而增强他们对物理学的兴趣和认识。

在教学方法上，教师应当充分利用现代信息技术，特别是多媒体技术，将抽象的物理概念以直观的形式呈现给学生。例如，通过动画视频展示电荷的移动过程，可以帮助学生形象地理解静电力的产生和作用，从而加深对相关物理知识的认识。此外，教师还可以利用模拟实验软件，让学生在虚拟环境中进行实验操作，这样不仅能够提高学生的实践能力，还能够让他们在一个安全的环境中探索物理规律。

除了利用多媒体技术外，教师还可以组织学生进行小组讨论，鼓励他们提出问题并尝试解答，通过同伴之间的互动交流，学生可以从不同的角度理解物理概念，这对于培养他们的批判性思维和解决问题的能力是非常有益的。同时，教师还应当注重培养学生的实验技能，让他们通过动手操作来验证理论知识，这样的实践活动不仅能够巩固学生的理论知识，还能够提高他们的科学素养。

四、强化教学实践，培养动手能力

物理教育，作为一种基础科学教学，不仅仅局限于传授理论知识，更重要的是培养学生将理论应用于实践的能力。在这个阶段，物理不是一门孤立的学科，而是与学生的日常生活紧密相连，具有显著的实用性和实践性。为了提升学生的核心素养，教师的角色不应仅仅是知识的传递者，更应成为引导学生发现问题、解决问题的导师。

在物理教学中，教师应当注重将抽象的物理概念与学生的生活实际相结合。通过观察和分析日常生活中的现象，学生可以更加直观地理解物理原理，从而加深对物理知识的掌握。例如，当学生学习到力的作用时，教师可以引导学生思考为什么骑自行车时需要不断地踩踏，以及如何通过调整刹车来控制速度。这些看似简单的问题，实际上都蕴含着丰富的物理知识。

为了提高学生的物理应用实践能力，教师可以设计一系列的活动和实验，让学生在实践中学习和探索。通过动手操作，学生不仅能够巩固所学的物理知识，还能够培养自己的动手能力和实践能力。例如，学生在学习了电流和电压的知识后，可以尝试在家中更换灯泡或者组装简单的电路，这些活动不仅能够提升学生的自信心，还能够让他们在实践中体会到物理知识的乐趣。

除了实践操作，教师还可以通过举办物理知识竞赛来激发学生的学习兴趣。在竞赛中，教师可以创设各种生活场景，让学生运用所学的物理知识去解释现象、解决问题。这种形式的学习不仅能够检验学生的学习成果，还能够培养学生的团队合作精神和竞争意识。

实践教学是提升学生物理综合素养的重要途径。通过参与各种实践活动，学生可以将课堂上学到的理论知识转化为解决实际问题的能力。这种能力的培养，对于学生未来的学习和生活都具有重要的意义。因此，教师应当不断创新教学方法，将实践活动与课堂教学相结合，为学生提供一个全面发展的平台。

第四节 核心素养视角下的物理生活化教学

"生活即教育"，这是著名教育家陶行知先生所提出的，强调了教育与生活之间的关系。当代教师在教学中应尽可能将文化知识与生活进行有效融合，以提升学生的核心素养。物理这一学科与生活有着许多联系，也是基于对生活的发现与研究而诞生的一门学科，许多物理原理都是科学家从生活中观察而获得的。因此，物理教师应积极构建生活化的物理课堂，帮助学生更好地梳理知识框架，做到对知识的活学活用。

一、核心素养视角下物理生活化教学的意义

首先，物理与生活有着很大的关联，人们日常生活中的许多现象都与物理有关，能够作为教师开展教学的素材，通过将这些生活元素融入课堂教学中，不仅能提升物理课堂的趣味，还能实现生活与教学之间的融合。其次，物理知识难度是逐渐增加的，以往的教学方法难以促使学生快速地理解一些相对抽象的知识。因此，采取生活化教学方式能够将知识以更加通俗易懂的方式呈现在学生面前，这样能够增强学生学习物理的信心，逐渐掌握学习物理的一些技巧以及物理知识中的规律。最后，学生面临很大的学习压力，每天要学习各种知识，大脑长期处于高速运转状态，偶尔也会产生倦怠，尤其是当他们听不懂一些知识时，很容易产生放弃的想法。因此，通过生活化教学开展物理教学活动能够激发学生的学习主动性，给他们平淡的学习生活带来乐趣。总之，在核心素养培养的要求下，广大物理教师应积极尝试生活化教学方式，这无论是对教师教学还是对学生来说都有着重要意义。

二、核心素养视角下物理生活化教学的原则

（一）科学性原则

生活化教学方法须融入日常生活现象，但在实际阐述时，必须恪守科学性原则，即遵循物理学中的基本原理，不得随意阐释物理概念。众所周知，物理学的形成与发展是建立在坚实的实验基础之上的，其中的物理概念、定律等都经过了科学家与物理学家的严谨论证。因此，教师在授课过程中，应从科学的视角出

发，以严谨的态度实施生活化教学策略，在降低知识理解难度的同时，确保学生掌握正确的物理概念和原理。这种严谨、科学的态度，将为学生未来更好地将物理知识应用于实际生活中奠定坚实的基础。

（二）主次分明原则

在物理教学中融入生活化元素，旨在深化学生对知识的理解，促进他们思维方式的转变，进而提升学习效率。因此，教师在教学过程中应坚守以学生为核心的教学理念，精心设计与生活紧密相连的教学情境，确保这些情境能够与学生的认知紧密契合。应避免仅为追求形式新颖而盲目采用生活化教学方法。生活化教学应服务于课堂教学，服务于学生的成长与发展，如此方能充分发挥其在物理教学中的独特价值。

（三）启发性原则

学生学习物理的过程就是教师通过各种方法对学生进行启发，促使学生更快地理解知识的过程。因此，教师在生活化教学中应遵循启发性的原则，也就是通过合理的生活化教学设计引导学生自主思考、自主探索、自主实践，通过自己的努力理解知识、运用知识。教师在此期间要充当一个引路人的角色，通过合理生活化的启发式教育激发学生对一些新奇、抽象的物理知识的探索兴趣，促使其进行主动探索与实践，获得更直接的学习经验。

（四）适用性原则

学生是课堂中的主体，这就意味着教师的教学设计要围绕学生进行设计。因此，教师在进行生活化的教学设计时就要充分考虑到所引入的生活案例与学生的契合度，以及是否符合学生的认知能力与所处的发展层次。

三、核心素养视角下物理生活化教学的策略

（一）运用生活常见情境，激发学生学习兴趣

生活中许多现象都包含着丰富的物理知识，如家用电器的工作原理、汽车刹车、钢笔吸墨水、汽车的后视镜等，而且物理在现实生活中的应用领域也越来越广泛，航空航天、核电站、食品化工行业等都要用到物理方面的知识。因此，教师在打造生活化物理课堂时，要有意识地融入各种生活中的常见情境，让学生能够对这些情境产生一定的兴趣，然后再对其进行深入引导，培养其核心素养。

（二） 通过生活化物理实验培养学生探究能力

实验在物理学习中的重要性不言而喻，物理中的许多原理、概念都是科学家通过无数次的实验总结而来的。时常进行一些物理实验，能够促使学生增强对一些比较难以理解的知识的认识，加深他们对知识的印象，也能促使其形成一定的科学素养。因此，教师在教学中可以进行一些必要的生活化物理实验，着力培养学生的探究能力和实践能力，实现教学的根本目标。

（三） 创设真实教学情境提升学生课堂参与度

在物理学习中包括很多抽象性的知识，仅靠教师的口头描述学生很难深入理解，而且整个过程学生的参与度较低。因此，为了让学生更好地理解一些抽象知识，提高其学习效率，教师可以通过生活化的方式创设一些教学情境，并鼓励学生积极参与到情境中，更好地突破物理学习中的重难点。

（四） 合理利用信息技术，直观展示物理现象

在物理学中，有许多现象需要学生发挥想象力去理解，这些现象往往无法被直接观察或触摸，例如物体间的相互作用力、电流和磁场等。为了帮助学生更直观地理解这些抽象概念，教师应积极利用信息技术进行生活化教学。通过信息技术，教师可以向学生展示各种物理现象，帮助学生发现其中的规律，进一步揭示物理学的奥秘。

（五） 组织课外实践活动，拓宽学生学习视野

物理从生活中来，自然也要回归到生活中。可以说物理揭示了大自然中的许多规律，解释了许多日常生活中的现象，使人们能够对物质世界产生更清晰的认知。因此，教师应将物理教学进行不断拓展，延伸到课外，让学生走进自然、走进社会，认真观察生活，不断拓宽其学习视野，在实践中提升综合素质。

教师可以积极发掘并利用本地区丰富的教学资源，定期组织学生参观当地的科技馆和展览馆，让学生亲身感受高新科技产品的魅力，并引导他们深入探索其中的物理原理。活动结束后，教师应指导学生搜集相关学习资料，将已学知识与现代科技发明相结合，启发学生对物理在现实生活中的应用价值进行思考，并培养他们崇尚科学的精神。在此基础上，教师应鼓励学生利用生活中的常见材料和工具，与同学组成发明团队，共同尝试实现自己的创意。完成作品后，学生可以将成果统一提交给教师，并由教师安排一节课，让学生展示并介绍自己的作品及

其背后的物理知识。展示结束后，各小组之间可以开展经验交流，互相学习、互相启发。通过定期组织这样的课外实践活动，学生不仅能够从更多元化的角度学习物理知识，还能够激发他们树立远大的学习目标，将所学知识应用于发明创造中，对学生的未来发展具有积极的推动作用。

第三章　多元方法视角下的物理教学

第一节　物理教学的课堂讲授与自学指导法

一、物理教学的课堂讲授法

（一）物理教学的课堂导入法

导入新课是一堂物理课教学的前奏，要体现"趣""疑""妙"。教师要根据物理教材内容和学生年龄特点、思维水平，向学生提出巧妙、新颖的问题，在学生头脑里产生疑问、造成悬念，从而唤起学生强烈的求知欲，使其以跃跃欲试的姿态投入教学活动中，常能产生较好的教学效果。问题情境的设置具有引起学生注意、激发学习兴趣、引发认知需要、形成学习动机的功效，而这也正是导入所要达到的目的。因此，课堂导入的关键就是设置情境。问题情境是由学习情境和学生相互作用的过程转化而成的。学习情境就是对学生具有新颖性的学习内容和通过教师对物理教材的处理呈现在学生面前的、与学生能力相适应的学习任务。可见，过难或过易的学习任务都不能作为问题情境。

在任何学科和任何课堂环节中，教师在进行教学策划时，首要任务就是确保在最短时间内，能够引导全体学生集中注意力，投入新知识的学习中。换言之，教师应明确指示学生应当完成的学习任务，并帮助他们确立清晰的学习目标。课堂导入是教师在进入物理新课时，应用建立问题情境的方式引起学生注意，激发学习兴趣，明确学习目标，启迪学生思维，集中学生注意力，使其主动学习新知的一类教学行为方式。课堂导入是物理课堂教学的重要环节，因此教师必须掌握。

1. 课堂导入的功能

（1）有利于集中学生的注意力。在物理课程开始时，部分学生的注意力可能并未完全集中在课堂上。为了有效引导学生的注意力，激发他们的好奇心和求知欲，教师应采取富有创意的教学策略。通过设计引人入胜的情境，我们能够迅速吸引学生的注意力，引导他们专注于物理课堂的学习内容。

（2）有利于激发学生的积极思维。人的思维永远是从问题开始的，人的思维活跃在新的有趣的问题亟待解决之时，表现出高度集中、高度兴奋。学生在问题情境中学习可提高注意力。导入新课时，教师联系物理教材和学生实际，提出富有启发性的问题，展示矛盾，可以激起学生思维的波澜，促使他们的大脑由课堂开始时的平静状态转为积极思考的状态，顺利进入物理课堂学习的最佳状态。

（3）有利于帮助学生掌握系统的知识。现行的班级授课制把完整的知识分成若干片段讲授，客观上产生到了割裂知识系统和中断逻辑联系的负面影响。在物理教学中，教师应抓住新旧知识的联系，通过复习旧知、导入新课就可以弥合这种断裂，帮助学生把分离、零散的知识连接成"链"和"网"，从而使学生掌握系统、完整的知识。

（4）有利于培养学生探究问题的习惯。好的新课导入常常是教师精心设计、提供隐藏规律性的材料的过程。让学生通过观察、分析、比较，利用已有的经验和物理知识去探索，或构想新概念，或寻求新公式、新方法、新思路。这样的过程进行多次、日积月累，学生就会养成钻研问题、思考问题、探究问题的良好习惯。

2. 课堂导入的形式

一般而言，引入新课比进行新课更难，因为物理是训练思维的学科，学生对某节物理课的学习是否感兴趣，思维启动的速度是快还是慢，取决于教师对新课的引入是否在具有科学的前提下又具有艺术性。在实际教学中课堂导入的形式很多，要根据教学内容和学生的年龄特征灵活地加以利用，常用的形式有以下方面：

（1）创设情境，激发动机。学生一旦对某种内容（或情境）产生了浓厚的兴趣，那他总会以积极主动的心态投入学习。物理现象在生活中无处不在，物理中妙趣横生的故事和科学史实很多，由故事引入新课可以一开始就把学生深深地吸引住。

（2）巧设悬念，启迪思维。学生好奇心特强，因而他们在遇到矛盾、悬念时，大脑会产生特有的兴奋。在课堂开始，有意创设与本节内容有关的悬念刺激学生，必将起到学生在课堂上认真听、课下积极探索，从而记忆深刻的极佳效果。教师有针对性地提出部分与生活有关的常见的物理现象问题，让学生思考，带着问题去听课，有时会比没目标地直奔课堂要好得多。

（3）联系实际，自然导入。生活中的实际问题，学生看得到、摸得着，有的还是亲身经历过或想亲身经历一下的，所以当老师提出这类问题时，他们都跃跃欲试。物理是一门以实验为基础的学科，教材中教师演示实验和学生实验较多，但如果老师能够找部分课本中没有的实验器材，通过部分新鲜有趣的实验来导入新课，效果会比应用课本上的实验更好。

（4）直接导入。直接导入即在一节课的开始，直接提出需要学习的中心内容，点明课题，迅速把学生的思维引向即将要探索的问题上。在教学中，同一单元前后两堂课联系很大，后一堂要用到前一堂课的旧知识，因教师在讲新课前，有意识地提示、分析与本堂课要传授的新知识有密切联系的旧知识，有助于唤起学生原有的记忆，加深理解。能为学习新知识打下良好的基础，起到承上启下的作用。在这种情境中，新知识便会既迅速又牢固地与旧知识联系、融合在一起。

（5）操作实验，建立表象。在物理教学中，教师常采用一种具体而有效的教学方法，即通过实验操作来建立表象。具体而言，教师可以通过直观的教具进行演示，或者引导学生亲自参与实验操作，以巧妙的方式引入新的课程内容。这种方法不仅有助于将抽象的物理知识具体化，更能够促进学生从形象思维向抽象思维的逐步过渡。同时，实验操作还能增强学生的感性认识，为他们的物理学习奠定坚实的基础。

3. 课堂导入的要求

新课的导入成功与否，关键要看学生是否有强烈的求知欲，是否进入物理学习情境，课堂导入应做到以下方面：

（1）原则上要突出一个"趣"字。兴趣可激发一定的情感，可唤起某种动机，可培养人的意志，可改变人的态度，可引导学生成为学习的主人。所以，只要把握好每节物理课起始阶段触发兴趣的契机，学生的学习效果就有了一半的保障。兴趣是最好的启发，启发是促进积极思维、打开思路、达到新的思维水平的一种刺激，是从其他事物中解决问题的途径。具有启发作用的事物叫原型，课题导入的问题就是具有启发作用的原型。导入对学生接受新内容具有启发性，有利于学生实现知识的迁移。通过浅显而简明的事例，用富有启发性的导入引导学生去发现问题，激发学生解决问题的强烈愿望，调动学生思维活动的积极性，促使他们更好地理解新教材。

（2）形式上要突出一个"新"字。在新课导入方面，虽然存在若干可供参考的方法，但鉴于每节物理课的教学内容各异，且各班级学生情况也不尽相同，故新课导入须力求新颖、独特。唯有如此，方能为学生带来常学常新的体验，进而持续激发其浓厚的学习兴趣。

（3）内容上要突出一个"巧"字。每节课的新授内容都不是孤立存在的。教师需要根据内容特点，从学生的认识规律和实际水平出发，刻意地将新的知识巧妙地设计在原有的知识中，让学生在复习旧知识的同时获取新知识。针对教材内容和学生实际，采用适当的导入方法。导入方法要具体、简洁，用尽可能少的语言说明课题要学习的内容、意义和要求。从物理课堂结构的角度来看，它的作用是为教学打开思路。如果脱离课堂整体，即使是再精彩的导入也会失去它应有的作用，这是不可取的。换言之，"巧"的本质是将所选取材料与教学内容和学生的实际巧妙地结合起来。

（二）物理教学的课堂讲解法

课堂讲解是最古老、使用最广泛、对教师的要求非常高的一种教学方法。在现代社会，讲解依然是教学中使用最频繁的一种教学方式。在新课程的理念中，教师的教是为了学生的学，是以学为中心，讲解也还是一种最基本的教学方法。所以，指导师范生及物理教师掌握讲解技能的概念，理解有关教育学、心理学基础知识，熟悉讲解技能的类型，知道讲解技能在训练和应用中应注意的问题是非常必要的。

在物理教学中，正确对待讲解技能的更新与发展问题，进一步探讨沟通性教学技能与传统讲解技能的有效结合具有很重要的现实意义。课堂讲解是教师通过口头语言（辅之以体态语）描述情景、阐述道理、推理论证和传递教学信息的课堂教学行为方式。课堂讲解是用语言传播知识、表达思想、传道授业的基本方式，其本质就是通过语言对知识进行剖析揭示，使学生把握知识结构的内在逻辑联系与规律。而讲解技能就是这一展示过程中至关重要的教学行为方式。

1. 课堂讲解的功能

课堂讲解是物理教学中应用广泛的一种教学方式，即使是在强调学生主体性的今天，在现代化教学手段被广泛应用的时代，讲解仍然具有不可替代的作用。

（1）传递知识的信息密度大、效率高。在贯彻实施课程标准的教学改革中，必须注意到学生学习的特殊性，物理课堂教学时间的有限性，所有知识的教学都采用发现式或探索式学习是不可能的，必须有接受性学习即需要教师的讲解。教师的讲解是有目标、有系统、有控制的知识传递过程，故在教学设计时就可避免学生接受知识的盲目性，可以做到直接、快速、高效。

（2）能促进学生思维的发展并传递教学情感。形象、生动、直观的语言可以使学生获得感性知识。在此基础上，通过综合、比较、分析、归纳，引导学生思维的发展，促进学生思维水平的提高。讲解和体态语的结合，使师生在课堂的这个特殊场景中相互用语言、表情、手势等方式传递信息，表达高兴、困惑、愉悦等情感，通过讲解和体态语的有效应用加强师生之间的情感交流。

（3）讲解可培养学生的想象力，能揭示事物之间的联系及事物的本质。教师生动而具有启发性的语言能激起学生无限的想象空间，有利于培养学生的想象力，优秀的诗歌能千古流传就是生动而具有启发性的语言具有生命力的例证。同样的语言，不同的使用者，会产生不同的表象，这是教师必须注意的。教师的讲解能剖析事物的本质及规律，揭示知识的结构和知识之间的联系，将知识的层次性和规律性充分体现出来。

2. 课堂讲解的要求

（1）讲解应目标明确、重点突出。每个教学讲解片段的核心目的在于解决课堂教学中的关键点和难点问题。在讲解过程中，必须严格遵循物理课程标准、教材和学生的实际状况进行精心设计，坚决避免简单地复制粘贴教材、教学参考书或他人的设计。每个设计片段的教学时长和时机安排都须精准得当，不可过于冗长或偏离主题。在教学用语上，必须保持严谨、逻辑严密的态度。物理学作为一门精确的科学，物理教材中的概念、定理、定律表述均十分精准、确切，任何微小的语言变动都可能引起意义的改变。因此，物理教师在选择措辞时务必精确，语言表述须遵循科学规范。规范的语言表达是规范化教学的职业要求，也是确保教学质量和效果的重要保障。

（2）教师应有较强的语言表达能力和知识素养。讲解中必须使用普通话，做到字正腔圆，音调、音量、语速、手势及其他体态要富于变化。讲解必须结合当时当地的具体情况，使讲解态度明朗，有强烈的感情色彩并感染学生。启发式教学是现代教学的一个重要原则，启发式教学的过程必须通过教师的语言来体现，要求教师的语言首先能引人入胜，要有发人思考的语境，使学生的求知欲由潜伏状态转入激活状态。教学语言要体现新、旧知识的联系。教学语言启发性还在于教师要善于设疑，引导学生合乎逻辑地思考问题。此外，语言还要注意直观性，即要运用语言的艺术，使抽象的概念具体化、形象化，使书面的文字口语化，使枯燥的知识趣味化。换言之，教学语言既要通俗易懂又得深入浅出。物理学是一门趣味性非常强的科学，而物理语言的生动、丰富、简单也是一种美的体现。但应注意趣味性的语言并非仅为逗人发笑，而应以引起学生的学习兴趣为出发点，以使学生保持中等强度的学习动机为目标。

（3）应控制每次讲解的时间。课堂讲解时间越长，效果越差，既不利于学生识记，也不利于落实效益原则。

（4）讲解应启发学生的主动思维并培养能力。讲解中应启发学生的主动思维，调动学生积极主动参与，把学习的主动权交给学生，从而增强教师讲解中"导"的力度。要做到这一点，必须恰当地选择讲解类型及方法，并巧妙地与其他教学技能结合，通过变化刺激学生的主动思维。物理课堂教学语言受师生双边活动的制约，由于学生在课堂上的接受能力和理解能力不同而需要随时进行调整，表现为灵活多变，带有即兴演讲的成分。特别在讲授那些比较复杂、疑难的问题时，教师应使用通俗易懂的、贴近学生口吻的口语，须将教学语言淡化、通俗化，或运用比喻、夸张，以引起学生的注意和加深学生对讲述内容的印象。因此，教学语言不像书面语言那样规范、严谨，表现为随便、自然；短句多，长句少；自然句多，严密句少；重复、跳跃、随意甚至不连贯、不通顺、不合语法规则的语句可以出现，但是这些语句必须便于学生理解。

（5）讲解技能与讲授法的区别。讲授法是用教师讲、学生听的方式传授知识，从教学方法的角度看，讲解技能不但在讲授法中可以使用，在谈话法、实验法、讨论法等教学方法中同样可以使用，并非使用讲解技能就是讲授法。

（三）物理教学的课堂提问法

课堂提问在物理课堂教学中占据重要地位，不仅是教学流程的必要环节，更是教师展现教学技巧的重要方式。通过精心设计的提问，可以有效激发课堂氛围，引发学生的学习兴趣，同时帮助教师了解学生对知识的掌握程度。此外，提问还能促进学生深入思考，挖掘学生的智力潜能，引导学生主动思维，进而实现师生间的双向情感沟通与交流。通过提问，可以引导学生进行回顾、比较、分析、综合和总结，达到培养和提高学生素质的目的。课程标准强调，教学目标是提高学生的科学素养。无论知识的掌握、知识的应用，还是解决实际的社会问题，首先就必须先认识问题，其次才是解决问题。

课堂提问是教师促进学生思维、评价教学效果以及推动学生实现预期目标的基本控制手段，可以引导学生进行回忆、对比、分析、综合和概括，达到培养学生综合素质的目的。物理课堂教学是师生相互作用的过程，为了合理地调控课堂，提问是必需的手段之一。学生有强烈的求知欲和探究心理，教师的提问若能紧紧抓住他们的这一心理，定能极大地激发他们的学习兴趣、启迪他们的思维，同时还能增进师生交流，锻炼学生的语言表达能力。为了达到合理提问，做到因才、因时、因地施教，教师就必须具备提问技能，并恰当地应用于教学中。

物理知识逻辑性比较强，教师可以提一些以实验操作、观察探索为主的问题，借助实验、录像、幻灯、直观教具点拨学生思维，激发学生的求知欲，增进师生交流。问题是思维的动因，是探究的起点。在物理课堂中采用问题式的教学方式也并不一定能够达到满意效果，只有科学的课堂提问才能把学生带入一个奇妙的问题世界。只有精心设计问题，尽可能地展示问题的解决过程和方法，才能使学生愉快而自觉地接受新内容，才能够在物理课堂教学中使教师发挥主导作用。学生也只有通过问题解决，才能体验问题情境、获得知识、培养能力。因此，每一个物理教师应不断学习提问的技能，提高提问技能应用水平，以便充分发挥问题式教学模式的价值。

课堂教学提问的形式与类型多种多样，每种形式的提问都有自己特定的作用与功能，教师应根据教学目的，结合教学情境、学校条件等因素，恰当地加以选择。提问是教师运用提出问题的手段，通过诱导学生回答和处理学生答案，达到检查教学、学习知识、巩固知识、促进思维、培养能力等教学目标的一种教学行为方式。提问技能既渗透于各项教学基本技能的运用之中，又统领各项教学基本技能。

课堂提问不仅是一门技术，更是一门精妙绝伦的艺术，其精妙之处在于，恰当的提问能够激发学生的思维活力，进而提升他们对物理学科的学习热情。反之，不恰当的提问不仅无法为教学带来助益，还可能对课堂氛围产生压抑作用，束缚学生的思考空间，甚至对学生的创造性造成打击。课堂提问是实现教学反馈的重要途径之一，也是师生互动的基石，更是启迪学生思维的有效方法和手段。因此，在物理教学中，课堂提问具有至关重要的意义和作用。

在物理教学中，通过提问可以启迪学生思维、激发求知欲望，引导他们探求未知世界，促使学生的认识不断深化。同时，教师通过提问实现与学生的交流，获得教学反馈信息，可以更好地调控教学过程。课堂提问既是学生求知探究的动力，又是启发学生积极思维的催化剂。启发式教学必须靠课堂提问的方式来实施。提问是教学过程中教师和学生之间常用的一种相互交流的教学技能，它在教学中不但使用广泛，为过去和现在的教师所应用，而且同教学本身一样具有悠久的历史。

1. 课堂提问的作用

（1）在教师教学中的作用。对教师而言，提问是信息的输出，学生解答问题的过程是对输入信息的处理，回答问题是将处理的结果反馈给教师，课堂提问在物理教学中有以下作用：

第一，传递信息。教师传授物理知识的过程，就是信息传递的过程。在这一过程中，教师把教学的知识点、重点、难点逐级分解为各个子问题，通过提问将知识传授给学生，并通过教师的引导、启发，化难为易，帮助学生理解和领会。学生通过回答，将自己的收获、困难、感悟等反馈给教师，提问是一种双向的信息传递过程。

第二，反馈信息。教师在提出问题后，须仔细观察学生的回答、表情和体态，以深入体悟学生对知识的掌握程度。通过学生回答问题的表述方式和内容，教师可以评估学生对物理知识的理解程度和掌握水平，同时还可以观察他们的表达能力、思维能力和学习能力。这些反馈信息对于了解教师的教学效果和学生的学习效果至关重要，有助于教师判断学生对知识的消化情况，从而做出相应的教学调整。

第三，调控教学。教师通过提问实现与学生的交流和沟通，及时实现自己对物理教学的调控，调控的依据就是对学生反馈的处理。

（2）在学生学习中的作用。

第一，激发学习动机。教师设计出富有启发性、探索性的疑难问题，会使学生产生迫切探究的认知心理，从而激发求知欲。

第二，启发学生思维。学习本质上是一个不断发现问题、解决问题的过程，而这个过程是大脑进行思维运动的过程。提问能激发学生思考，引起认识上的矛盾，从而使其思维能力得到训练和发展。

第三，发展语言。教师提出问题，学生就会进行思考，整理已有的知识，组织表达的语言。提问可以培养学生的语言表达能力，锻炼学生面对大庭广众发表意见的心理承受能力。

第四，引导方向。学生在物理学习过程中会面临各种问题，提问就是最好的引导方式。提问具有导向作用，学生通过提问能够明确思考方向和思维目标，思路就会沿着正确的方向发展。通过提问可以引导学生的思考方向，扩大思维广度，提高思维层次。

第五，巩固强化。教师在讲授物理新知识前和传授新知识后往往要提问部分学过的知识，这些提问就有进一步巩固知识、强化记忆的作用。

第六，反馈和调控。对教师而言，物理课堂教学的组织是一个实施控制的过程，要有效地进行课堂控制就离不开反馈。来自学生的信息反馈有语言反馈、体态反馈、书面练习反馈和测试反馈等。但通过提问所接收到的反馈信息，比其他形式的反馈信息更准确、更具体、更及时。通过课堂提问的语言反馈，可以使教师当堂了解学生对知识的理解和掌握程度以及提问的效果，能使教师迅速而及时地调控教学过程。此外，通过提问，学生不仅接收了来自教师的知识信息，同时也接收到了来自同学的知识信息。对于其他同学而言，由于更符合他们已有的认知水平和接受能力，因此更容易吸收，教学效果会更好。

总而言之，教师的物理课堂提问是一门深奥的学问，又是一门艺术，没有固定的模式，但只要不断实践和摸索，充分发挥提问的教学功能，就会提高自己的教学水平。

2. 课堂提问的类型

（1）检查知识提问。

第一，回忆提问。回忆提问是检查学生对已学知识记忆程度的提问。学生回答这类提问，只需要根据自己对物理知识的记忆，按照教材或老师的表述说出来即可。回忆提问有"二择一"提问和用单词、词组、句子回答的回忆提问。二择一提问学生只须回答"是"或"否""对"或"错"，一般无须进行深入的思考。使用时多采用集体回答的方式，它可以集中学生注意、活跃课堂气氛，但不容易发现个别学生对知识的掌握情况。用单词、词组、句子回答的回忆提问是要求学生回忆已学过的事实、概念等。回忆提问一般用在教学的开始阶段或某一问题的论证初期，为学习新知识提供材料，又向较高级提问过渡。

第二，理解提问。理解提问一般用于某个物理概念、物理原理讲解之后，用来检查新学到的知识、技能理解情况等提问。学生回答理解提问，必须对已学过的物理知识进行回忆、解释或重新组合，用自己的语言回答。理解提问包括对事实、事件进行描述的提问和对事实、事件进行对比的提问以及对事实、事件进行概括的提问。对事实、事件进行描述的提问，要求学生用自己的语言对事实、事件进行描述，以便了解学生对所学知识是否理解。

第三，运用提问。提问作为一种教学手段，能够构建出具体的问题情境，引导学生运用已掌握的知识去解决实际问题或阐释特定现象。在物理教学中常用这种提问引导学生正确分辨事实、事实的形状与结构等方面的不同种类。学生学习知识和技能，目标在于应用知识和技能解决实际问题。应用知识和技能解决具体问题是检验学生对知识的理解、掌握或保持的一种行之有效的手段，也是使学生加深理解和巩固知识和技能的重要方式。应用提问设计关键在于，要把握好所学知识与设计问题之间的"共同要素"，即相似之处。有了这种"共同要素"，才能使学生实现"学以致用"的目标。运用提问一般用于新知识讲授之后，但在教学中也可以及时地运用这种方式，对重点知识进行提问，使学生初步形成运用知识的能力。

（2）创造性应用知识提问。创造性应用知识提问是侧重于创造性应用知识的物理课堂提问，一般要通过思考、推理、判断才能得到正确的答案。创造性应用知识提问包括分析提问、综合提问、评价提问三种。

第一，分析提问。要求学生识别条件与原因，或找出条件之间、原因与结果之间的关系。

第二，综合提问。要求学生迅速检索出与问题有关的知识，并对这些知识进行分析综合，得出新的结论。综合提问能激发学生的想象力和创造力，有利于培养、训练学生的思维。

第三，评价提问。要求学生利用自己的思想观点、评价原则以及已有知识，对事物、事件进行价值评定。

二、物理教学的自学指导法

"自学是学生在课内外独立进行的一种认识活动，这种方法主要是指学生在教师的指导下，通过他们自己的阅读、钻研，主动获取知识，提高能力。"① 物理是一门理论与实践相结合的学科，自学物理需要一定的指导和方法。物理教学的自学指导法需要注意以下方面：

（一）建立扎实的基础知识

物理作为一门严谨的科学，其理论和推导都是以数学为基础的。因此，自学

---

① 刘岩，范宏，宋海岩. 物理教学与思维创新［M］. 北京：北京日报出版社，2018：87.

者必须确保自己具备必要的数学基础，包括代数、几何和微积分等方面的知识。代数是物理学习的基石，它涉及各种方程式的解法和变量之间的关系。几何则在物理学中扮演着建模和空间关系的重要角色，许多物理问题都可以通过几何方法来进行理解和解决。而微积分则是深入理解物理学中变化和运动的数学工具，它是描述自然界中各种变化规律的核心。没有扎实的数学基础，将给后续的物理学习带来极大的困难。物理学中的许多概念和定律都是通过数学语言来表达和推导的，如果缺乏对数学的理解和掌握，将难以理解物理学中的复杂概念和推导过程。因此，建立扎实的数学基础是自学物理的必经之路，也是自学者在物理学习道路上迈出的第一步。

为了确保自己具备必要的数学基础，自学者可以通过系统地学习数学课程来加强基础知识的掌握。可以选择一些优秀的数学教材或者在线课程，系统地学习代数、几何和微积分等方面的知识。此外，也可以通过做大量的数学练习题来巩固所学知识，提高解决实际问题的能力。通过系统的学习和大量的练习，自学者将逐渐建立起扎实的数学基础，为后续的物理学习打下坚实的基础。

（二）选择合适的学习资料

在自学物理的过程中，选择合适的学习资料是至关重要的。一个好的物理教材能够系统地介绍物理学的基本概念和原理，引导自学者深入理解物理学的内涵和逻辑。

第一，要选择一本权威、系统、适合自己水平的物理教材进行学习。在选择教材时，可以参考一些权威机构或者专家的推荐，了解各种教材的特点和适用对象。例如，对于初学者而言，可以选择一些专门为初学者编写的物理教材，这些教材通常会从简单到复杂地介绍物理学的基本概念和原理，适合初学者系统地学习物理学。而对于有一定物理基础的学习者而言，可以选择一些更加深入和系统的物理教材，这些教材通常会更加深入地介绍物理学的各个领域和前沿问题，适合学习者进一步深入学习和研究物理学。

第二，除了传统的纸质教材之外，可以参考一些优质的物理学习网站、视频和教学资源。随着互联网的发展，越来越多的物理学习资源可以在网上找到，这些资源包括物理学习网站、物理学习视频、物理学习博客等。通过这些网站和资源，自学者可以随时随地获取物理学习的资料和信息，加深对物理学知识的理解和掌握。同时，也可以通过观看物理学习视频和参与物理学习社区的讨论，与其他学习者交流经验、讨论问题，共同进步。

（三）注重理论与实践结合

物理学习不仅仅是死记硬背理论知识，更重要的是理解其中的物理原理，并能够将理论知识应用到实际问题中去。因此，注重理论与实践的结合是自学物理的一项重要指导法。首先，通过实践来加深对理论的理解。在学习物理理论知识的同时，可以通过做一些物理实验来直观地观察物理现象、验证理论模型。其次，通过实践来培养解决问题的能力。物理学习的关键在于培养解决问题的能力，而这一能力往往是通过实践中不断锻炼而来的。在实践中，自学者需要分析问题、设计实验方案、观察现象、收集数据、分析结果，从而培养出解决实际问题的能力。此外，通过实践来培养创新意识和探索精神。物理学是一门探索未知世界的科学，而实践是发现新知识和解决新问题的有效途径。通过实践，自学者可以不断地发现新现象、提出新问题、探索新领域，从而培养出创新意识和探索精神。例如，在实验中发现了新的物理现象，可以进一步探索其原理和应用，从而推动物理学的发展。

（四）培养解决问题的能力

物理学的核心在于应用基本原理解决现实世界中的各种问题。因此，自学者需要通过多做物理习题的方式，尤其是那些涉及实际问题的习题来培养自己分析和解决问题的能力。

第一，多做物理习题有助于加深对理论知识的理解。在解答习题的过程中，自学者需要运用所学的物理知识，将抽象的理论转化为具体的问题解决方案。通过思考和分析问题，自学者可以逐渐领悟物理学中的基本原理和推导方法，从而加深对理论的理解。

第二，多做物理习题有助于培养解决问题的思维方式。在解答习题的过程中，自学者需要运用逻辑思维和创造性思维，从不同角度分析问题，找出解决问题的有效方法。通过不断锻炼和实践，自学者可以逐渐培养出分析问题、解决问题的能力，提高自己的问题解决能力。

第三，多做物理习题还有助于提高自学者的实践能力。在解答习题的过程中，自学者需要运用所学的物理知识，进行数据分析和计算，从而得出问题的解答。通过不断实践和应用，自学者可以提高自己的实践能力，掌握解决实际问题的方法和技巧。

第四，多做物理习题可以帮助自学者建立起自信心。在解答习题的过程中，自学者需要不断地克服困难，寻找解决问题的方法，最终得出正确的答案。通过不断实践和努力，自学者可以逐渐建立起自信心，相信自己能够解决任何物理问题，从而更加积极地投入物理学习。

（五）及时总结与定期复习

物理学习是一个渐进的过程，需要不断地积累、总结和巩固知识，而及时总结归纳和定期复习是确保这一过程顺利进行的重要方法。

第一，及时总结归纳是巩固所学知识的有效途径。在学习过程中，自学者可以通过做笔记、总结提炼、归纳概括等方式，将所学的知识点进行系统整理。通过总结归纳，可以帮助自学者加深对知识的理解、理清知识间的逻辑关系，从而更好地掌握所学内容。

第二，定期复习是巩固所学知识的重要方式。物理学习涉及的知识面广，而且往往具有一定的抽象性和深度，需要经过反复的学习和巩固才能真正掌握。因此，自学者需要定期地进行复习，巩固所学知识。可以通过制订复习计划，将学习内容分成小块，每天或每周花一定时间进行复习，以确保所学知识不断地被巩固和加深。

第三，定期复习还可以帮助自学者发现和弥补知识的漏洞。在复习过程中，自学者可以发现自己在某些知识点上掌握得不够扎实，或者存在理解上的偏差。这时，自学者可以及时调整学习方法，加强对这些知识点的学习和理解，从而弥补知识上的漏洞，提高自己的学习水平。

第四，定期复习还可以帮助自学者保持学习状态和积极性。物理学习是一个需要长期坚持的过程，而定期复习可以帮助自学者保持对物理学习的兴趣和热情，不断地保持学习状态，坚持不懈地追求知识的掌握和理解。

（六）保持好奇心与求知欲

保持好奇心与求知欲是自学物理过程中的至关重要的态度与习惯。物理学作为一门探索未知的科学，其本质是通过理论和实验不断解开自然规律的面纱。而要真正深入地理解和掌握物理学，一个人首先需要具备的就是保持好奇心和求知欲的心态。首先，好奇心是激发学习兴趣和动力的关键。物理学作为一门探索未知世界的科学，蕴含着无穷的奥秘和挑战，而保持好奇心可以帮助自学者更深入地探索物理学的奥秘。其次，求知欲是推动自学者不断前进的动力源泉。物理学作为一门复杂而深刻的学科，往往需要付出较大的努力才能真正理解其中的奥妙，而保持求知欲可以激发自学者不断追求知识、不断学习的动力，从而帮助自学者坚持不懈地进行学习。最后，在学习物理的过程中，要保持对新知识的好奇心，不断地追问原因、不断地寻求答案。自学者可以通过积极参与物理学习社区的讨论、阅读物理学相关书籍和论文、观看物理学相关视频等方式，开阔自己的视野，丰富自己的知识，从而更好地满足自己的求知欲。同时，自学者还可以通过实践和探索，将理论知识与实际问题相结合，从而更深入地理解和掌握物理学知识。

第二节　物理教学中的发现式与实验教学法

一、物理教学中的发现式教学法

发现式教学法在物理教学中是一种非常有效的方法，它通过让学生自主探索和发现知识，从而促进他们的学习和理解。物理教学中常用的发现式教学法如下：

（一）实验探究法

在物理教学中，实验探究法是一种富有活力且引人入胜的教学方法。这种方法通过让学生亲自动手进行实验操作，观察现象、测量数据，并对结果进行分析和解释，从而使他们能够亲身体验物理定律和规律的奥妙。实验探究不仅能够加深学生对物理概念的理解，还能够培养他们的实验技能、观察力和分析能力。

在实验探究中，学生通常会从实验的设计和准备阶段开始。他们需要思考问题，提出假设，并设计合适的实验方案来验证或推翻这些假设。这个过程本身就能够锻炼学生的逻辑思维和创造性思维能力。在实验进行过程中，学生需要仔细观察实验现象，使用科学仪器进行数据的准确测量，并记录实验过程中的各种变化和结果。通过这一系列的操作，学生可以积累实验经验、提高实验技能，同时也能够感受到科学研究的乐趣和挑战。

在实验结束后，学生需要对实验结果进行分析和总结。他们需要对数据进行处理，计算相关的物理量，并与理论预期进行比较。通过分析数据，学生可以发现数据之间的规律和关联，从而得出结论并解释实验现象。这个过程不仅能够帮助学生深入理解物理定律和规律，还能够培养他们的科学思维和批判性思维能力。

（二）问题解决法

在物理教学中，问题解决法是一种鼓励学生自主思考和探索解决方案的教学方法。通过提出开放性问题或挑战，教师激发了学生的思维活跃性和创造性，从而培养了他们的问题解决能力。这种教学方法的核心是引导学生思考和解决实际问题。教师可以提出一个具有挑战性的问题，例如，如何设计一个简易的电路来实现特定的功能，或者如何解释某种物理现象的原因。这些问题往往没有唯一的答案，需要学生根据自己的理解和知识来进行思考和探索。学生被鼓励尝试不同的方法和思路，发挥他们的创造性和想象力，从而找到最佳的解决方案。

问题解决法激发了学生的主动学习和参与度。相比传统的教学方法，它更加强调学生的自主性和独立思考能力。学生在解决问题的过程中，不仅需要运用所学的知识，还需要动脑筋思考和分析。这样的过程能够激发他们的学习兴趣，提高他们的学习积极性。除此之外，问题解决法还培养了学生的团队合作能力。在解决复杂问题的过程中，学生常常需要与同学进行合作，共同分析问题、讨论解决方案，并共同努力实施计划。这样的合作过程不仅促进了学生之间的交流和合作，还培养了他们的团队意识和沟通能力。

（三）案例分析法

在物理教学中，案例分析法是一种引导学生将抽象的物理理论与实际情境相结合的教学方法。通过引入真实或虚拟的案例，教师能够激发学生的兴趣，并帮助他们运用物理学原理来分析和解释现象。案例分析法的核心在于将学生置身于具体的情境中，让他们在实际问题的背景下运用所学的物理知识进行思考和分析。通过案例，学生能够看到物理学原理在真实世界中的应用，从而更加深入地理解抽象的理论。案例分析法不仅能够帮助学生理解物理理论，还能够培养他们分析和解决问题的能力。在分析案例的过程中，学生需要收集和整理相关的信息，分析问题的根源，并提出解决方案。这种过程有助于培养学生的逻辑思维和批判性思维能力，使他们成为具有分析和判断能力的终身学习者。此外，案例分析法还能够激发学生的学习兴趣。相比于传统的理论讲解，案例更具有生动性和实践性，能够吸引学生的注意力并提高他们的学习积极性。通过案例，学生能够感受到物理学的魅力和实用性，从而更加主动地参与到学习过程中。

（四）小组合作法

在物理教学中，小组合作法是一种非常有益的发现式教学方法。这种方法将学生分成小组，让他们在团队中合作解决问题或完成实验。通过小组合作，学生可以共同探索和发现知识，相互学习和交流经验，从而促进彼此的理解和进步。

小组合作法的核心在于促进学生之间的合作与交流。在小组合作中，学生需要共同分析问题、讨论解决方案，并共同实施计划。在这个过程中，学生可以相互借鉴和学习，共同发掘问题的解决途径。例如，在解决一个复杂的物理问题时，每个小组成员可以负责分析问题的不同方面，并提出自己的见解和建议。通过合作，学生可以充分利用集体智慧，找到最佳的解决方案。

小组合作法不仅能够促进学生之间的交流与合作，还能够培养他们的团队精神和沟通能力。在小组合作中，学生需要相互协调和合作，共同解决问题。这种合作过程需要学生积极地倾听和尊重他人的意见，同时也需要学会有效地表达自己的观点和想法。通过这样的合作实践，学生可以提高他们的团队合作能力和沟通技巧，为未来的学习和工作奠定基础。

除了促进学生之间的交流与合作外，小组合作法还能够提高学生的学习效果和学习兴趣。在小组合作中，学生可以相互学习和借鉴，共同解决问题，这有助于加深他们对物理概念的理解和记忆。同时，小组合作还能够激发学生的学习兴趣，让他们更加主动地参与到学习过程中。通过与同伴的合作，学生可以分享彼此的知识和经验，共同探索和发现物理世界的奥秘，从而更加享受学习的过程。

综上所述，发现式教学法强调学生的主动参与和自主学习，有助于培养他们的探究精神、创造力和批判性思维能力。在物理教学中，结合传统教学方法和发现式教学法，可以更好地激发学生的学习兴趣和提高他们的学习效果。

二、物理教学中的实验教学法

（一）物理教学中实验类型

第一，设计实验。设计实验是一类开放性的实验，是按照实验目的及要求，自行安排的实验，能够最大限度地调动学生思维的能动性和创造性。设计实验对学生能力的要求较高，可作为选修性质的实验课程，供学生根据自身能力自由选择。教学大纲对这类实验没有具体规定。

　　第二，演示实验。演示实验是穿插于课堂教学过程中，用于对教学内容辅以补充性作用的一种实验形式。一般由教师操作完成，或由学生充当教师的助手，辅助教师完成；抑或是学生在教师的指导下，在全班同学面前完成实验操作。教师引导学生基于演示实验进行观察和分析，一方面，能够调动学生的学习兴趣；另一方面，能够让学生通过直观的实验体现，对知识形成感性的认识，从而深化对物理概念和规律的理解，同时还能够培养学生的观察与思维能力。实验的演示是教学的一部分，其目的在于帮助学生将抽象的物理知识形象化、生动化，让学生对规律的形成有一个理性的认知，便于对知识的理解和掌握。在课堂中所进行的实验演示、操作都不会太过于复杂，旨在让学生通过实验的观察，获得一定的规律认知。作为教师，要保证实验所呈现的现象明晰、直观，便于学生观察，也要与教学内容有着一定的关联性，能够充分说明问题所在。

　　第三，验证实验。验证实验是对已有的规律及定律，通过实验的方式进行求证的过程。验证实验安排在相关的知识内容的学习之后。通过实验验证，对所收集的数据进行定量分析，从中得出结论。将所得结论用于与所要验证的定量的比较，看是否符合，若有出入，找出原因加以修正，从而实现知识的巩固。这便是验证实验的目的之所在。

　　第四，分组实验。分组实验，简而言之就是将学生分成若干小组进行实验操作的活动。分组实验要求教师根据教学大纲的要求及课程标准的规定，科学、合理地设计实验内容，引导学生确定实验操作程序和操作步骤，进而有计划地训练学生实验技能和习惯。分组实验突出了学生的合作意识和自主探究的精神。任何教学方式都不应该是对学生放任不管，分组实验教学也是如此，虽然这一教学形式赋予了学生充分的自主权，但作为教师，也应该对学生的实验过程，进行适当的指导或帮助。鼓励学生独立完成实验操作，处理实验数据，还要引导学生对实验现象或结果做出适当的分析与总结，得出实验结论。通过具体的实验操作，能够让学生了解基本实验仪器的构造、原理，学会仪器设备的使用，熟悉实验操作的程序和基本流程。分组实验的目的在于引导学生自主探索和验证物理规律。价值在于是培养学生探究能力与实验精神的主要途径，也是发展学生创造思维和进行科研启蒙教育的重要途径。

　　第五，训练实验。训练实验，其教学目的在于让学生了解基本的测量仪器的操作与使用规范，熟悉实验操作的程序和步骤。即主要是对实验操作技能的训练。物理实验中，常见的实验仪器有游标卡尺、打点计时器、万用电表、示波器等。在进行训练实验时，需要强调各类仪器的操作规范，让学生熟悉并掌握正确操作和使用的方法和步骤，至于仪器的工作原理，了解即可。

第六，探究实验。探究实验，一般是以学生的自主探究为主要形式的实验教学，主要是为了引导学生探索、发现物理规律，在探究中获得知识。探究实验一般由教师提出或在教师引导下由学生提出问题，设定好实验方案，在实验过程中，给予学生充分的自主性，让其自行操作，在观察测量中完成实验，分析实验现象与结果，从而归纳总结，得出结论。

第七，测定实验。测定实验是为测定某一物理常数或物理量而进行的实验，这类实验的目的是让学生运用已经学过的知识和熟悉的器材，测定某些物理常数和物理量。例如，测定物质的密度、测定重力加速度、测定介质的折射率的实验。这类实验要求学生理解实验所依据的原理，明确实验的条件、步骤和过程。由于某些客观因素的存在，故而允许所测量数据与真实数据存在一定的误差，只要误差在合理的范围即可。

（二）物理实验教学的策略

在物理实验教学中，教师要发挥主导作用，创设实验教学情境，优化实验教学组织，延伸实验教学设计，制订科学的实验操作方案。一般而言，物理实验教学的策略如下：

1. 采取分组实验形式

在物理实验教学设计中，分组实验是大部分教师采取的主要实验形式。分组实验不仅能够锻炼学生的实验操作能力，更为重要的是还能培养合作探究的意识，有助于科学品质及能力的养成。现代教学的意义，不在于教师教学任务的完成，而在于通过一定的教学活动，引起学生思想或行为上的变化，体现在认识、理解、技能、态度等方面。学生在教师的引导下，积极主动地参与实验，发挥思维的创造性与能动性，便能够获得对知识的深刻体验。

通过分组实验的教学，学生基本能够达到对知识加以掌握的教学要求。其前提是教师必须做好充分的教学准备，以保证实验的科学性和合理性。同时，教师还需要循循善诱，鼓励学生发现并总结实验技巧。在分组实验之前，教师要从学生的实际情况出发，考虑到学生在仪器设备使用中可能遇到的问题，或是实验操作中的重难点，教师要提前做好铺垫，进行必要的指导，对于学生在实验中遇到的突发问题，也要及时地给予学生适当的帮助。此外，教师还应该强化对学生实验精神、责任意识的培养，在实验过程中，致力于学生良好实验习惯的养成，从仪器设备的使用规范，到实验操作的严谨性、数据搜集的精确性，再到实验完成后对仪器设备的整理归位，再到最后的分析反馈、总结实验的经验、发现问题及时补救等，都应该成为学生自觉性的行为。

（1）分组实验重视探究能力。教师根据物理实验教学的需要，并结合学生的实际情况，将学生分为若干小组，以小组为单位，开展实验活动。分组实验，最大限度地给予学生充分的自主性，让学生自由发挥，积极参与实验的过程。在小组实验中，每个人既是参与者，亲自动手操作，也是旁观者，观看小组内其他成员或其他小组成员的操作，实验体验更为丰富，在互帮互助、合作探究的过程中，每一个学生的实验能力以及核心素养都能够得到有效的锻炼和提升。分组实验的形式是灵活的、开放的，氛围是活跃的。在这样的环境背景下，学生的思维能动性、创造性能够得到最有效的激发。

（2）分组实验注重科学态度。基于传统的物理教学模式，教师常采取以讲代练的方式，这种重理论传授的方式，无法真正培养学生科学严谨、实事求是的实验态度。以小组为单位的分组实验，既能够让小组成员间相互配合与监督，以促进问题的发现和解决，同时教师也可以在物理实验后对小组实验进行评估，能够及时发现小组成员在操作中的问题，如操作不规范、对数据的记录不真实，或是误差太大等，这些都是影响操作能力、科学思维，以及科学态度的因素。通过设置实验后的反思环节，有助于让学生发现自己的问题，从而摒弃固化思维，形成善于质疑、敢于验证的精神。在一般实验活动中，部分学生自己不积极主动地参与，或是不敢自己尝试独立完成实验操作。而分组实验，可以让学生在合作中相互监督，促使其变被动为主动，参与实验的过程，有助于端正实验的态度，在实践合作的过程中，学生间还会产生思想的碰撞，在质疑、分析解决问题的过程中养成科学、严谨的思维与态度，促进核心素养的提升。

（3）分组实验培养创新意识。由于教学条件的限制，每所学校提供实验教学的情况存在差异性，但不能以此为借口，就放弃大纲所规定的系列实验。物理是研究自然现象与规律的学科，其科学性表现在能够经受实验的检验。实验对于物理学科而言，是不可或缺的重要部分。有条件的学校要最大限度地利用实验教学资源，而条件较差的学校，也应该重视实验教学，在充分利用现有仪器的基础上，挖掘身边可利用的其他实验资源。分组实验能够节约资源，给予每个学生参与实验的机会，而且分组实验，可促进学生思维发散，通过对不同学生所提方案的综合，可产生部分创新性的思想，通过小组讨论，能够更好地促进实验的创新。

2. 需要结合理论生活

物理与生活的联系是颇为紧密的，生活中很多现象都可以用物理知识来解释，生活中的某些情境，也可以用于辅助理解物理实验及现象。在物理实验教学中，引入生活化的实验情境，使得物理现象或原理更加具体化、生动化，学生通过对实验的直观感知，以及直白的生活现象的描述，能够更透彻地理解和掌握知识点。因此，理论与生活结合对于物理实验尤为重要，需要引起教师和学生的注意。在物理实验中，强化理论与生活的结合，能够促进学生思维的活跃，以及对知识的运用能力。一方面，体现了从实验中探究现象的本质；另一方面，又是将物理本质运用于指导实践，解决生活中的实际问题，实现知识的运用价值。在物理实验教学中，教师要有意识地引导学生的发散思维，对于实验中遇到的问题，要尽可能地结合生活经验去解决。物理资源的开发更灵活化、多样化，尤其是基于核心素养的物理实验教学，教师更应该积极主动地将生活融入实验教学，设置生活的实验目标和方式，激发学生的实验积极性和创造性，从而提高物理实验教学的有效性。

3. 注重演示实验操作

演示实验并不是教师的秀场，进行演示实验的操作除了教师个人，还可以是某一个学生在教师的指导下独立进行，其他学生作为观众，观看实验的完整过程；抑或是师生共同完成实验演示。在这一过程中，学生在教师的引导下，其观察现象，进行现象的思考和衍生，进而发现问题，在对问题的分析与思考中得出结论，最后对所得结论进行反思，通过这一系列过程，有助于启发学生的思维，促进学生对物理规律的发现和认识，培养学生的综合素养。演示实验在物理教学中具有如此重要的作用，作为物理学科的教师，不仅要重视而且要强化演示实验的效果。

（1）演示实验的目的要明确，既要能够反映物理教学的内容，帮助学生理解物理概念和定律，也要具有趣味性，能够吸引学生，激发学生学习的动机，要能够促进学生对所要学习内容的热情。只有学生自主地参与学习，才能激发思维的能动性，让其在观察中发现问题，并自觉主动地进行问题的探究与分析。

（2）对演示实验过程的设计，不仅要立足教学的实际与需要，还要结合学生物理核心素养的培养。在此基础上，还要综合学生的能力水平，尽可能多地创造有助于激发学生思维的教学情境，让学生在教师的引导与启发下，思维能力得到提升和发展。

（3）教师要善于在演示实验的过程中，引导学生观察和思考。教师的"演示"应促使学生去思考，现象的观察促进思维发展，思维运转为实验观察提供基础。

（4）引导学生进行总结与反思，让学生在总结与反思的过程中，不断强化思维能力。

4. 多利用多媒体设备

多媒体设备利用，即在传统的教学过程中，借助计算机多媒体的相关功能为教学服务的一种教学模式，能够为教学提供人机互动的交互环境，是一种相对而言具有进步意义的教学形式。多媒体教学是对传统教学模式的改革，是一种新型的教学手段，能够在一定程度上弥补传统教学模式中的不足，其主要操作是通过组织课件，并以计算机为载体来向学生呈现丰富教学内容的教学形式。在这种教学模式下，学生不仅能够自主学习，还能够与他人或老师形成交互关系，有助于团队意识、合作意识的养成。

将多媒体设备引入物理实验教学具有部分优势。在物理教学中，物理实验是复杂的，部分实验由于客观条件的限制，难以实现真正的操作。而离开了实验的辅助，不便于学生对复杂、抽象知识点的理解，加大理解难度。针对这种情况，就可以引入多媒体设备，利用多媒体教学来解决这一类问题。多媒体设备的运用，能够很好地缓解实验理想与实验现实的矛盾，丰富教学手段，提高学生学习的兴趣，深化学生对于知识的理解和掌握，进而实现教学效果的时效性。

很多学校都已引进了现代教学技术与设备，并运用于教学实践之中。在物理教学中，对多媒体的运用已经非常普遍。部分宏观的实验，如对万有引力的探究、天体运动的观察等，这些更无法在现实中通过实验进行具体操作，这时候多媒体就发挥了巨大的作用，利用多媒体播放原始画面，将国家进行的航天研究演示给学生观看，不仅能够很好地完成教学的目标，还能激发学生的科学精神，激发学生物理学习的动机。

5. 重视课后实验设计

课后实验是教师结合物理课堂教学的内容，鼓励学生在课后发挥思维的能动性与创造性，根据所学知识，自主设计实验、自制实验设备，通过独立完成或是在家长的辅助下完成实验操作，达到对知识的巩固目的。物理实验是物理教学的一部分，大部分教师一般都会在课堂上进行实验演示或实验教学，很少有教师安排学生进行课后实验，即使给学生布置了课后实验，也没有强制要求学生必须完成。这就需要教师在教学中有意识地去引导，培养学生自主学习的意识。

课后实验一般可分为两类：一类是基于当堂实验，并对其进行延伸，设置这类实验目的在于对课堂实验的巩固和扩展，这类实验的操作过程一般都不会复杂、实验要求也较简单，实验器材通常是生活中随处可见的，或是需要动手自制的，不会耗用较多的时间和精力；另一类是课堂实验的延续，换言之，这类实验本应在课堂完成，但由于时间把控不合理，需要在课后继续完成，这类实验一般是具有探究性且具有一定意义的实验。

无论是哪一类的课后实验，只要认真对待，都能够对知识起到一定的巩固作用，这类实验一般操作简单、趣味性较强，学生对于这类实验一般都是感兴趣的，教师要善于引导和利用这类实验，对学生进行思维的训练，培养其创新意识，以促进整体核心素养的提升。强化课后实验，还能够加强教师、学生、家长之间的联系与协作，促进学生在与他人的合作互助中，学会交流与分享，在讨论与沟通中提高分析问题、解决问题的能力，增加学生的成就感，提升思维能力。

第三节　物理教学中学生多元智力培养方法

"在一些实际物理问题中，主要考查的是学生是否具备良好的逻辑思维能力，是否能够在头脑中构建基本的知识框架结构，这就要求学生具备良好的多元智力。"[①] 因此，物理教师要思考如何运用多元化策略，提高学生的多元智力，进一步促进学生在物理学习方面的全面发展。多元智力是每一个学生个体中具备多种的智力与能力，尤其在解决实际问题时，每个学生的解决策略和思考思路各有不同，导致解决的方法及解决结果也各有不同。因此，物理教师要通过各种策略，激发学生的想象力，培养学生的创造思维，进而让学生的多元智力得到进一步发展。物理教学中学生多元智力培养方法如下。

一、加强物理观察，培养学生视觉空间智力

在物理教学中，教师应增强学生对物理现象的观察能力，这样能有效地培养

---

① 徐银虎. 物理教学中学生多元智力培养方法 [J]. 文理导航，2023（2）：58.

学生的视觉空间智力。首先，教师可以充分利用现代化的信息技术手段，如多媒体视频、3D 动画和微课等来为学生展示课堂上难以实现的物理实验。通过这些视觉化的演示，学生不仅可以直观地了解实验过程，还能够在观察和思考中提升自己的视觉空间智力。这种方式不仅仅是简单地呈现给学生知识，更是在潜移默化中培养他们的观察力和空间想象力。其次，教师可以将学生分成小组，让他们共同观察物理现象。在小组内，学生可以相互交流观察到的现象、提出疑问和解释，从而促进彼此之间的学习和思考。这种合作式的观察不仅能够增强学生的观察力，还可以培养他们的团队合作精神和沟通能力，为他们的综合智力发展打下坚实的基础。最后，教师还可以引导学生运用图表等方式来重现物理过程或现象。通过将物理现象转化成图表的形式，学生可以更加清晰地理解其中的规律和关系，从而加深对知识的理解和记忆。同时，这也是一种培养学生逻辑思维和分析能力的有效途径，有助于他们在未来的学习和应用中更好地运用所学知识。

二、设置探究问题，培养学生物理逻辑智力

在物理教学中，需要重视培养学生的物理逻辑智力，物理逻辑智力涉及学生对物理现象的理解、分析和推理能力，对于他们未来的学习和实践具有重要意义。教师可以通过以下方法来设置探究问题，从而培养学生的物理逻辑思维智力：首先，教师可以在讲解物理知识时，有针对性地设置一系列具有挑战性和启发性的问题。这些问题可以涉及课堂所学知识的应用、拓展或者反思，旨在引导学生进行深入思考和探究。其次，教师应该鼓励学生进行自主探究和解决问题的尝试。在学生展开思考和探索的过程中，教师不仅要给予适当的指导和支持，还要给予积极的肯定和鼓励。这样可以激发学生的学习兴趣和自信心，促使他们更加积极地参与到问题的解决过程中，从而更好地理解和掌握物理知识。再次，教师还可以引导学生将课堂所学知识点应用到解决实际物理问题的情境中。通过让学生运用所学知识来解决真实或者虚拟的物理问题，可以帮助他们将抽象的理论与具体的实践相结合，提升其物理逻辑思维能力和问题解决能力。最后，教师还应该注意在学生探究和解决问题的过程中，及时地进行总结和反思。通过与学生一起回顾和讨论问题的解决过程、思考方法以及结果，可以帮助他们进一步深化对物理知识的理解，发现和纠正思维中的错误和偏差，从而提高其物理逻辑智力水平。

三、创设物理学习情境，发展学生语言智力

在物理教学中，教师不仅要传授知识，更要培养学生的综合能力，包括语言智力。通过创设丰富多样的物理学习情境，可以有效激发学生的学习兴趣，提高他们的思维能力和口语表达能力。

第一，教师可以设计具有挑战性和启发性的学习情境，引导学生积极思考和探索。例如，可以模拟真实物理现象或者问题，让学生在情境中展开讨论和思考。这样的情境可以激发学生的好奇心和求知欲，促使他们主动地参与到学习中来，从而提高他们的语言表达能力。

第二，教师可以通过引入实验、观察和讨论等方式，让学生在学习过程中进行交流和互动。例如，可以组织学生进行小组实验，让他们共同设计实验方案、观察现象并进行数据分析，然后在小组内进行讨论和分享。这样的学习情境不仅可以促进学生之间的合作与交流，还可以锻炼他们的口语表达能力和逻辑思维能力。

第三，教师可以借助多媒体资料、实物模型等教学资源，丰富学习情境，激发学生的学习兴趣。例如，可以通过播放视频、展示图片或者使用实物模型，让学生更直观地了解物理现象，从而更好地表达自己的观点和想法。这样的教学情境不仅可以提高学生的语言表达能力，还可以增强他们的视觉感知和理解能力。

第四，教师可以在课堂中引入一些有趣的物理实例或者故事，激发学生的兴趣和想象力。通过讲解真实的物理应用案例或者相关的科学发现，可以引发学生的思考和讨论，促使他们积极参与到学习中来。这样的学习情境不仅可以提高学生的语言表达能力，还可以培养他们的创造力和批判性思维能力。

第五，教师还应该给予学生充分的鼓励和肯定，激发他们的学习动力和自信心。在学生表达意见或者提出问题时，教师应该给予及时的反馈和积极的评价，鼓励他们继续努力和思考。这样就可以营造一个积极向上的学习氛围，促进学生的全面发展和成长。

四、积极融入独特音乐，培养学生节奏智力

在当今互联网发展的背景下，教师在物理教学中积极融入音乐元素，可以有

效地培养学生的节奏智力，提升他们的学习体验和效果。融合音乐与物理教学，不仅可以增加学习的趣味性，还能够激发学生的学习动力和兴趣，使他们更加积极地投入学习中。

第一，教师在融入音乐时应该选择适合学生的音乐类型和曲目。考虑到学生的年龄、兴趣爱好和学习需求，教师可以选择具有明快节奏和易于理解的音乐，如轻快的节奏、欢快的旋律等。通过这样的音乐，学生可以更加轻松地进入学习状态，享受学习的过程，同时也能够更好地感受到物理知识与音乐的融合，从而提高他们的学习兴趣和学习效率。

第二，教师可以善于发现物理学中的音乐元素，并将其融入教学中。例如，在教学中引入一些与声音、波动、振动等相关的物理概念时，可以结合音乐的节奏和音调来进行解释和演示。通过多媒体平台展示音乐与物理知识的关联，可以让学生在愉悦的音乐氛围中更好地理解和掌握物理知识，从而提高他们的学习效果。

第三，教师还可以设计一些与音乐相关的物理实验或者活动，让学生在实践中体验物理原理与音乐之间的奇妙联系。例如，可以设计一个与声音频率和振动频率相关的实验，让学生通过调节不同的频率产生不同的声音，从而感受到音乐中的节奏和谐波的产生。通过这样的实践活动，学生不仅可以加深对物理知识的理解，还能够培养他们的观察力、实验能力和创新思维，提升他们的节奏智力和综合能力。

第四，教师在教学中要注重营造轻松、愉快的学习氛围，让学生在音乐的陪伴下感受到学习的快乐。通过调节音乐的节奏和音调，教师可以适时地调整课堂氛围，使其更加轻松和活跃。在这样的学习氛围中，学生可以更加自信地表达自己的观点和想法，从而更好地参与到学习中来，提高学习的效果和质量。

五、开展多样物理活动，培养学生动觉智力

在物理教学中，教师应该充分利用物理实验等多样化的活动来培养学生的动觉智力。动觉智力是指通过动手操作和身体感觉来获取信息、解决问题的能力，对于学生的综合发展至关重要。首先，教师可以设计精巧的物理实验，让学生通过实际操作来感受物理现象。在实验中，教师可以设置详细的操作步骤，引导学生逐步进行实验。通过这样的实践，学生不仅可以加深对物理现象的理解，还可

以锻炼手部的灵活性和动手能力。其次，教师还可以结合当前的教学内容，设计一些需要四肢与躯干动作的活动。再次，教师还可以组织学生参与一些实践性强、动手能力要求高的项目。例如，可以组织学生参加物理竞赛或者科技创新比赛，让他们动手设计和制作一些实用的物理装置或者实验装备。通过这样的项目实践，学生不仅可以应用所学的物理知识，还可以培养解决问题的能力和动手能力，从而提高他们的动觉智力。最后，教师还应该注重在活动中激发学生的探索欲望和求知欲。在设计活动时，教师可以给予学生一定的自主权和选择权，让他们根据自己的兴趣和特长选择适合自己的实践项目。同时，教师还应该及时给予学生鼓励和肯定，激发他们的学习动力和自信心，促使他们更加积极地参与到活动中来，提高他们的动觉智力水平。

综上所述，在物理教学中培养学生的多元智力，对学生今后的学习和发展能够奠定良好的基础。因此，教师要结合当前物理教学现状，逐步在教学中运用物理观察、设置探究问题、创设学习情境、利用独特音乐、开展多样活动等方法，逐步培养学生在视觉空间、逻辑、语言、节奏、动觉等不同方面的智力，进而充分发挥学生的个性，不断促进学生在物理方面的全面发展。

第四节　新课改背景下的物理教学方法

在新课改背景下，我国更加注重培养和提高人才的综合素质。为了积极响应国家的人才培养战略，教育领域要不断地调整和创新初中的教学模式，努力创造更灵活的课堂，为学生的发展提供更好的外部帮助。物理教学的本质就是培养学生能够发现问题，并找到合理的解决办法，因此，教师要将学生的潜能挖掘出来。物理教学是培养学生形成良好学习兴趣的关键阶段，学生刚刚开始接触物理，对物理有着极大的好奇心，因此要把握好机会，提高他们的学习兴趣。而在传统的物理教学中，学生往往会产生一种单调、无聊的感觉，从而降低了学习兴趣。物理除了包含理论知识之外，还包含了许多实验结论的学习内容。因此，在教学过程中，必须进行创新，利用物理现象来分析其实质，从而可以有效地提高学生的学习效率，这对学生更好地学习物理知识起到了助推作用。创新的教学模式和方法，既是时代发展的需求，也是提高学生整体素质的重要途径。因此，教师要对物理教学的重要性有清晰的认知。

新课改对物理教学的具体要求包括：一是要求物理教师教学精简。物理与其他课程有很大的不同，主要是它所涉及的知识比较多，并且难以理解。许多学生在面对抽象的物理知识点时，往往会感到力不从心，这就影响了他们学习的兴趣，在很大程度上削弱他们的自信心。在新课改的背景下，物理教师要对教学过程进行简化和创新。一方面，可以帮助学生破解学习的难点；另一方面，也可以提高他们学习的自信心。二是要求物理教师促进学生自主学习。新课改的提出和实施，对物理教师提出更高的要求，即要正确对待"教"与"学"的关系，重视"学"与"教"的关系。物理教师要运用多种策略来推动学生自主学习、自发学习、主动学习，只有这样，学生才可以主动地参与到探索知识的过程中。新课改背景下的物理教学方法如下。

一、尊重学生主体地位，给予发展空间

在新课改的理念下，物理教学需要更多地体现学生的主动性和参与性。教师可以采用提问引导的方式，在引入新知识时提出问题，引导学生进行思考和讨论。通过这种方式，学生在教师的指导下，逐步接近物理结论，体验到依靠自己的力量探索知识的乐趣。这样的教学方式不仅能够激发学生的学习兴趣，还能够增强他们的自信心，从而更加积极地参与学习。此外，在新课改的背景下，物理教学还应该注重培养学生的问题解决能力和创新思维。教师可以设计一些探究性的学习任务，让学生通过实验和观察来发现物理规律。这样的学习方式不仅能够加深学生对知识的理解，还能够培养他们的实验设计能力和分析能力。同时，学生在解决问题的过程中还会不断思考和探索，从而培养出创新思维和解决问题的能力。

二、丰富物理实验教学，增强学生创新思维

物理本身是一门实验性学科，开展物理教学活动，不仅要帮助学生了解和掌握基本的物理知识，促进他们学会运用物理知识来对具体生活现象和问题的本质进行分析，还要培养学生的动手操作能力，让他们在操作物理实验的过程中，掌握科学实验的有效方法，增强他们的创新意识和能力。所以，物理教师还可以完善实验的教导，以学生的兴趣为基础，以现实的生活经验为依据，与有关的物理知识内容相结合，积极地进行各种物理实验探究活动，从传统的单一讲解式的课堂教学模式中解脱出来，让学生在实验中对有关的物理知识进行探索，并帮助他

们更好地掌握科学的实验方法，从而提高他们对物理的学习兴趣，增强他们的创新意识和能力，从而保证物理教学的高效性。

三、积极开创物理教学的课堂创新模式

创造教学环境，培养学生的自主性，是一种在新课改背景下迅速提升课堂教学质量、加快学生成长与发展的一种行之有效的方式。这种新型的课堂教学方式，能够为学生的全面发展提供保障。因此，教师应在物理教学过程中给予学生足够的关注，以促进其学习的发展。通过创新教学模式，能够在教学过程中不断地推动学生的学习发展，提高学生的学科素养，从而提升学生的总体学习效率与质量。因此，在物理教学活动中，要着眼于学生的学习发展，要主动促进学生的学习成长。在教育实践中，实施有效的教育，以推动学生的学习成长与发展。

四、制定适用的物理教学步骤及规划

新课改背景下的物理教学方法注重于制定适用的教学步骤和规划，以促进学生对具有差异性的知识点进行深度挖掘。在物理知识的传授过程中，教师应从多个方面进行教学，以推动整个教学活动的高效发展。这包括对知识进行有效的推广，确保学生能够在课堂学习中快速掌握基础知识。在物理教学过程中，教师需要针对学生的具体学习行为来进行教学活动。通过观察学生的学习行为和反馈，教师可以调整教学方法和策略，以满足不同学生的学习需求。这种个性化的教学方法有助于激发学生的学习兴趣，并提高他们的学习效率。另外，教师还应该对所学的知识进行全面的归纳。通过总结和梳理知识点，学生可以更好地理解和应用所学的内容。这种归纳的过程不仅有助于加深学生对知识的理解，还可以帮助他们建立起知识之间的联系，形成系统的学习框架。

五、帮助学生更好体会物理知识实用性

很多学生在学习物理时，并不清楚物理知识的应用领域，因此，为了更好地激发学生对物理的兴趣，教师必须让他们意识到学习物理的价值和意义。在进行物理课堂教学时，教师可以采取一系列策略来实现这一目标。首先，教师可以选择将物理知识与学生日常生活中的实际情境相结合。例如，通过讲解物理定律在

运动、能量转换、家庭电路等方面的应用，引导学生发现物理知识在日常生活中的普遍存在和重要性。通过这种方式，学生能够更直观地感受到物理知识的实用性，从而增加对学科的兴趣和热情。其次，教师可以通过案例分析和实验演示来展示物理知识的实际运用。再次，通过组织实验课程，让学生亲自动手操作、观察、记录实验数据，可以增强他们对物理现象的理解和掌握，并激发他们对物理学的好奇心和热情。最后，教师还可以鼓励学生参与物理竞赛、科技创新项目等活动，让他们将所学的物理知识应用到实际问题的解决中去。通过参与这些活动，学生不仅可以提高自己的物理素养和解决问题的能力，还能更深入地理解物理知识的实际应用和意义。

综上所述，新课改注重对现行教学方法的创新，旨在为学生创造一个更加适合他们的物理学习氛围，使他们在学习的过程中得到更多的发展。教师是学生发展的引领者，要主动做出表率，为学生树立起一个好的榜样，主动关心每一位学生，针对他们的特点因材施教，主动引导每一位学生的发展。

第五节　大单元教学视角下的物理教学方法

大单元教学是新课程改革背景下衍生出的一种新型教学方式，对培养学生的物理学习兴趣和核心素养有重要作用。大单元教学包括教学目标、教学内容、创设情境等多个组成部分，教师应聚焦于大单元教学设计，积极创新教学方法，以提升学生的物理学习能力。

一、大单元教学视角下的物理教学意义

（一）完善物理教学内容，使知识系统化

物理是一门逻辑性、系统性较强的自然学科，知识之间有着密切的联系。以往教师在开展教学活动时，受到课时和教学环境的限制，多是围绕单个知识点设计教学活动，破坏了物理知识的系统性，学生所学知识呈碎片化。研究证明，学生在学习中接受知识的先后顺序和难易程度会直接影响学生对知识的理解程度。换言之，课堂中教师对逻辑的重视能帮助学生更快、更好地理解知识；反之，则会阻碍学生发展。而大单元视角下，教师应根据物理知识之间的内在联系和学生认知规律，合理地设计教学基本流程，并在单元主题的引导下，重组

学生需要掌握的知识，构建贴合学生生活的学习情境，从而指导学生形成相应的知识体系。

（二）优化物理教学过程，提高教学效率

在传统物理教学模式中，教师通常在讲台上进行详细的阐述，而学生则须在座位上专心听讲并做好笔记。课后，学生还须按照教师的要求，完成大量的习题练习，以期通过大量的题目训练达到对知识的深入理解和巩固。然而，这种教学方式不仅未能充分展现知识的实用价值，还可能导致学生的学习目标变得模糊，从而不利于其综合能力和核心素养的培养和提升。而素质教育背景下，物理教学目标发生了本质的改变，教师教学既是为了提高学生的成绩，也是为了培养学生的学科核心素养。大单元视角下，教师可以对教学过程进行优化，围绕教学目标整合学生所学内容，并突破学科的限制，引入跨学科知识或前沿知识，以保证知识体系的完整性，提高课堂整体教学效率。

（三）提升自主学习能力，培养核心素养

现在的物理课堂中虽然不断强调应以"学生"为中心，要求教师重视锻炼学生的自主学习能力，培养学科核心素养，但实际教学中留给学生自主学习的时间并不多，学生也难以对问题进行多维度的探究。而物理课堂中引入大单元教学后，教师可以为学生提供丰富的情境，引导学生在情境中进行探索和实践，有效地提高学生对所学知识的理解，达到锻炼学生自主学习能力和培养核心素养的目的。基于此，当学生具备相应的知识和能力后，可以在学习一个大单元内容后，独立构建完整的知识框架。

二、大单元教学视角下的物理教学策略

（一）解读物理单元教学主题

在物理教学中，单元教学主题的解读至关重要。它不仅是开展物理课程教学的前提，更是引导学生深度学习的关键所在。教师需要对单元教学主题进行认真解读，确保理解其中包含的知识要点，并从这一视角出发进行科学的设计。考虑到不同物理课程涉及的内容不同，以及学生个体差异的存在，为了促进学生核心素养的形成，教师应当充分发挥大单元主题教学的优势。这意味着需要结合单元主题的基本特征以及单元内不同小节物理内容之间的联系进行综合考虑，以确保

构建一个完善的物理知识框架。教师需要深入理解单元教学主题的核心概念和重要内容，充分利用大单元主题教学的优势，将单元内的各个知识点有机地联系起来，注重在单元教学中激发学生的学习兴趣和探究欲望，注重在单元教学中培养学生的综合能力和创新精神。

(二) 明确物理单元教学目标

在认真解读单元教学主题的基础上，为了有序开展物理活动，教师应进一步明确单元教学目标。具体来说，教师应结合高中生的实际学情，明确其价值取向和身心发展规律后，运用相关教学手段抽丝剥茧，层层深入地确定教学目标。同时，大单元主题教学目标设计过程中，教师须充分考虑教材、新课程标准、学生学情这三个要素，以满足学生真实学习需求为出发点，本着循序渐进的原则，紧密联系高中生物理核心素养设计教学目标，以保证后续教学环节能在此目标指导下高效开展。

(三) 设计丰富物理单元活动

确定了物理单元教学的主题与目标后，教师可以通过设计各种丰富多彩的单元教学活动，将教学内容与实际生活联系起来，激发学生的学习兴趣和参与度。这些活动不仅可以增加课堂的趣味性，还能够促进学生对核心素养理念的理解和应用，帮助他们更好地掌握物理知识。在设计单元教学活动时，教师应该以学生为中心，考虑到学生的兴趣、水平和学习需求。通过引导学生参与各种实践活动，如实验、观察、探究等，教师可以让学生在实践中感受物理知识的魅力，培养其探究和解决问题的能力。同时，教师还可以结合驱动任务或问题，设计具有挑战性和启发性的活动。通过这种方式，学生将不仅仅是被动的知识接受者，而是积极参与者和思考者。另外，教师还应该灵活选择合适的教学方式来组织单元教学活动。通过多样化的教学方式，教师可以更好地满足不同学生的学习需求，激发其学习的积极性和主动性。

(四) 加强物理单元教学评价

评价作为大单元教学的另一个重要环节，是非常容易被教师所忽视的教学过程。教学评价和反思是大单元教学效果升华的必要因素，会对整体教学效果产生直接影响。在单元教学活动开展中，为了保证指导学生进行深度学习，教师应组织全班学生共同在大单元课堂教学结束后，进行教学评价和反思活动。在这一过程中，除了要了解学生在课堂中学习物理知识的情况外，还应注重对单元整体效果进行评估，借助教学评价最大限度地提升学生学习效果。

　　总而言之，大单元模式是促进学生开展深度学习的有效措施，也是助力物理教学中核心素养顺利落地的有效教学手段。在物理教学中，教师应结合高中生的学情及单元教学的内容，在明确单元教学主题的基础上，科学设计多元化单元主题教学活动，以促进物理单元主题教学质量的提升。

第四章　创新思维视角下的物理教学

第一节　创新思维及其科学品质

创新思维是指一种能够产生新颖、有价值的想法和解决问题的方式。它是在不断地思考、探索和实践中形成的一种心智状态和行为方式。创新思维通常与一系列科学品质相关联，这些科学品质有助于确保创新的有效性和可持续性，具体包括以下内容。

第一，好奇心。好奇心是人类进步和创新的源泉之一，它是一种强烈的内在驱动力，激励着人们不断地探索、发现和理解世界。正是因为好奇心的存在，人类才能够不断地挑战现有的认知、探索未知的领域，并不断地向前推进。好奇心驱使着人们主动地去寻求答案、去理解问题背后的原理和机制。它不仅仅是一种被动地接受信息的态度，更是一种积极主动的探索精神。好奇心还促使人们跨越学科的界限，去寻找不同领域之间的联系和交叉点。通过好奇心的驱使，人们能够更加开放地接受不同领域的知识和观点，从而打破学科壁垒，促进跨领域的创新与发展。除此之外，好奇心还是一种持续学习和成长的动力。当人们保持好奇心的心态时，他们会不断地接触新的知识、积累新的经验，并不断地完善自己的认知体系。在这个不断更新、不断演化的世界里，只有保持好奇心，才能够不断地适应变化，不断地提升自己的能力和见识。

第二，批判性思维。批判性思维是一种关键的认知能力，它在创新过程中发挥着重要作用。创新并不仅仅是关于新点子的产生，更重要的是如何对这些点子进行全面、深入的分析和评估。在创新过程中，批判性思维能够帮助人们审视问题的各个方面，发现潜在的缺陷和局限性，并提出有效的改进建议。首先，批判性思维能够帮助人们审视问题的多个角度。创新往往涉及复杂的现实问题，而这些问题往往具有多面性和多维度。通过批判性思维，人们能够从不同的角度去审视问题，深入挖掘问题的本质和根源，从而更加全面地理解问题所涉及的各个方面。其次，批判性思维有助于发现潜在的缺陷和风险。在创新过程中，很多时候新点子看似很吸引人，但在实际应用中可能存在各种潜在的问题和风险。通过批判性思维，人们能够对新点子进行全面的分析和评估，发现其中可能存在的问题和不足之处，从而及时地进行调整和改进。最后，批判性思维还能够帮助人们提出有效的改进建议。创新往往是一个持续改进的过程，而批判性思维正是推动这一过程向前发展的关键。通过批判性思维，人们能够深入理解问题的本质和原理，找到改进的切入点，并提出具体的改进建议，从而不断地提升创新的质量和效果。

第三，灵活性。灵活性是创新思维中至关重要的品质之一。在当今不断变化的社会环境中，灵活性使人们能够适应各种情境和需求的变化，从而更好地应对挑战和障碍。首先，灵活性使人们能够迅速调整思维模式。创新往往需要跳出传统的思维模式，尝试新的想法和方法。而灵活性使人们能够在面对新的挑战和问题时，迅速调整自己的思维模式，从而更加容易地找到创新的解决方案。其次，灵活性使人们能够调整行动计划。在创新过程中，往往会遇到各种意外情况和挑战，原有的计划可能需要随时进行调整和改变。而灵活性使人们能够及时调整行动计划，采取更加灵活的方式应对变化，从而保证创新的顺利进行。最后，灵活性还能够帮助人们更好地应对不确定性。在当今不确定性和复杂性日益增加的环境中，灵活性成为一种重要的竞争优势。具有灵活性的个体或团队能够更好地应对不确定的情况，从而更加灵活地调整自己的策略和行动计划，以适应不断变化的市场环境和竞争态势。

第四，创造力。创造力是个体或团队产生独特、有创意的解决方案和想法的能力。创造力不仅可以帮助人们在面对问题时找到新颖的解决方案，还能够激发新的思维模式和方法，推动创新不断发展。创造力的重要性在于它能够推动人们跳出传统的思维模式。在面对问题或挑战时，传统的思维往往局限于已有的经验和惯性思维，导致很难找到新的解决方案。而创造力能够帮助人们打破这种局限，跳出传统的思维模式，勇于尝试新的方法和概念。此外，创造力还能够激发新的思维模式和方法。创新往往需要跨越传统思维的界限，尝试新的理念和方法。具有创造力的个体或团队能够勇于尝试新的思维模式和方法，从而为创新提供源源不断的动力。

第五，合作精神。创新往往是集体智慧的结晶，而不仅仅是个人的成就。合作精神使团队能够共同探索、共同学习，并共同创造出更加出色的解决方案。首先，合作精神体现了团队成员之间的互信、互助和共赢的精神。在团队合作中，每个成员都能够充分发挥自己的专长和优势，共同为实现团队的共同目标而努力。通过合作，团队成员能够相互借鉴、相互学习，从而不断提升自己的能力和水平。在这个过程中，团队成员之间建立起了深厚的信任和友谊，共同创造出更加出色的解决方案。其次，合作精神还能够促进团队的创新能力和创造力。在团队合作中，不同背景、不同经验的成员能够带来不同的观点和思维方式，从而促进了团队的创新能力。通过合作，团队成员能够相互启发、相互激励，共同挑战传统、尝试新的想法和方法，从而推动创新不断发展。最后，合作精神还能够提高团队的执行力和执行效率。在团队合作中，成员之间能够充分协作、密切配合，有效地分工合作，从而提高了团队的执行力和执行效率。通过合作，团队能够更加高效地解决问题、实现目标，取得更加优异的成绩。

第六，实践导向。创新思维不仅停留在理论层面，更需要将想法转化为实际可行的行动计划和解决方案。实践导向使创新能够产生实际的影响和价值，从而真正地改变现实生活和社会发展。首先，实践导向要求创新者不仅具有良好的理论基础和创新思维，更需要有将想法付诸实践的能力和决心。在实践中，创新者需要将抽象的想法和理论转化为具体的行动计划和解决方案，然后通过实际操作和实验验证其可行性和有效性。只有经过实践的检验，创新才能够真正地落地生根，产生实际的影响和价值。其次，实践导向要求创新者具备勇于尝试和接受失败的勇气和魄力。在创新过程中，往往会面临各种未知的挑战和风险，而成功往往伴随着失败和挫折。然而，只有勇于尝试，敢于接受失败，创新者才能够不断地吸取教训，不断地改进和完善自己的想法和解决方案，最终取得成功。最后，实践导向要求创新者具备市场意识和用户导向的思维方式。创新只有满足市场需求和用户需求，才能够产生实际的影响和价值。因此，在创新过程中，创新者需要不断地关注市场动态和用户反馈，及时调整自己的行动计划和解决方案，以确保创新能够符合市场和用户的需求。

第七，持续学习。创新思维并非一劳永逸，而是一个持续不断的过程，需要不断地学习、成长和改进。持续学习的精神使人们能够不断地吸收新知识、积累新经验，并不断地提升自己的能力和见识，从而保持创新的活力和竞争力。首先，持续学习能够帮助人们跟上时代的步伐。在当今信息爆炸和科技飞速发展的时代，知识更新速度极快，技术不断更新换代。通过持续学习，人们能够及时了解最新的科技发展、行业动态和市场趋势，从而保持与时代同步，不被淘汰。其次，持续学习有助于人们不断拓展自己的知识面和视野。通过持续学习，人们能够接触到各种不同领域的知识和观点，开阔自己的视野，增强自己的综合素养。这样，当面对问题时，人们能够更加全面地考虑，找到更加创新和有效的解决方案。再次，持续学习还有助于人们不断提升自己的能力和技能。通过不断学习和实践，人们能够不断地提升自己的专业能力、创新能力和领导能力，从而更加胜任各种复杂的工作和挑战。这不仅有助于个人的职业发展，也有助于组织的创新和发展。最后，持续学习能够帮助人们保持积极向上的心态和态度。在不断学习的过程中，人们能够不断地充实自己、丰富自己，感受到学习的乐趣和成就感，从而保持积极的心态和精神状态。这种积极向上的心态和态度能够激发人们的创新潜能，推动创新不断发展。

综上所述，创新思维与多种科学品质密切相关，包括好奇心、批判性思维、灵活性、创造力、合作精神、实践导向和持续学习等，这些品质共同促进着创新的发生和持续发展，对个人和组织的成长都具有重要意义。

第二节　物理思维培养与课堂教学创新

一、物理思维培养分析

（一）物理思维品质培养

物理思维品质是物理思维能力强弱的反映，训练学生的思维能力要从培养思维品质着手，物理思维品质培养需要注意以下方面：

1. 在物理概念教学中培养思维品质

（1）培养思维的深刻性。物理概念是人脑对感性材料进行的科学抽象。也就是用分析与综合、抽象与概括、归纳与演绎、比较与分类、科学推理等抽象思维方法对物理感性材料进行"去粗取精、去伪存真、由此及彼、由表及里"的整理加工，摒弃非本质的东西，把握其本质属性（即物理概念的内涵）。这个过程必须经过大脑的"多思"，才能实现认识上质的"飞跃"。

（2）培养思维的批判性。建构主义认为，知识只是信息的载体，不是问题的最终答案，它随着学生认识程度的深入而不断地变革、升华和改写。因此，在物理概念教学中，针对学生已经建立起来的物理概念，不应只是停留在表层认识，而应该养成一种善于挖掘、善于怀疑、善于剖析、善于批判的思维习惯。

2. 在物理规律教学中培养思维品质

物理规律是对大量物理现象、过程的内在本质和必然联系的概括总结，就像是一条链子，把相关的物理知识链接起来。物理规律教学可以使学生的思维品质得以全面培养。情境、协作、会话、意义建构是建构主义环境的四大要素。在支架式教学、抛锚式教学、随机进入教学模式中，其教学环节的第一步都是教师必须创设有利于学生进行意义建构的教学情境。因此，在物理教学中，教师要引导学生在感性认识的基础上，通过观察实验、分析事实、逻辑展开、质疑释疑等过程建立起规律。使学生对感性材料进行深刻灵活的思维加工，深刻把握规律的客观性，从而培养学生思维的深刻性、灵活性。还可以通过"协作""会话"，剖析规律的物理意义、适用条件和范围，培养思维的深刻性。

3. 在物理习题教学中培养思维品质

对物理概念、规律的意义建构过程，就是掌握物理事物的性质、规律以及事物之间的内在联系的过程。要想让学生达到对概念、规律的真正理解即做到知识的迁移，还须通过物理习题培养学生的思维品质。

（1）重视典型的规律习题教学，以培养思维的深刻性、灵活性。典型的物理规律，如牛顿运动定律、动量守恒、能量守恒、欧姆定律、法拉第电磁感应定律等，是解决物理问题的基本依据。物理教学中，在理解规律的基础上，引导学生将典型的物理问题与相关的规律联系起来，使学生掌握基本的解题思路和步骤，这是物理学习中的二次飞跃，也是培养学生思维品质的关键环节。

（2）注重解题方法、策略的归纳与掌握，培养物理思维的敏捷性与灵活性。要解决实际的物理习题，方法的选择是至关重要的，学生在学习过程中应该掌握并积累相当数量的基本方法，诸如理想模型法、等效法、微元法、整体法、叠加法、图形结合法等。另外解题思维策略，是解题主体对解题过程的总体思路和方向的宏观把握，它的适当选择对于解题的成功也是相当重要的。教师应该在习题教学中引导启发学生领会并掌握这些方法策略，并将他们灵活运用于新的解题实践中。这样能够有效地培养学生物理思维的敏捷性、深刻性、灵活性，使学生的物理思维品质得以全面的提升。

（3）创造性地应用物理知识解决现实生活中的实际问题，以此来培养物理思维的独创性、灵活性。在现实生活中、生产中以及工作中，众多问题均与物理学紧密相连。通过运用物理知识来解决这些问题，不仅能够突显物理学的实际应用价值，更体现了解题者的物理智慧。同时，这一过程也为全面训练学生的物理思维提供了宝贵的机会。当学生面临现实中的物理问题时，先要从复杂的问题情景中抽象出物理因素，建立物理模型，然后灵活运用物理知识、方法创造性地构想解题策略来解决问题，最后要对解题结果做出批判性的检查评价。这样的过程，对于物理思维的深刻性、批判性、灵活性、独创性而言，都是较好的锻炼机会，物理思维品质的结构将更趋合理完善。因此，在物理教学中应该对引导学生解决现实问题引起高度重视。

（二）物理抽象思维培养

建构主义认为，学生的新知识是在一定的情景即社会文化背景下，根据原有知识的水平状况通过意义建构的方式获得的，学生建构知识的过程即是思维发展的过程，其中，抽象思维的培养尤为重要。物理抽象思维培养可以从以下方面着手：

1. 创设物理情景，培养抽象概括能力

学习情景的创设是学习者能否顺利进行意义建构的前提，创设奇妙的物理情景，能够使学生迅速地进入学习状态，使学生的思维处于激发状态，能够迅速地把事物的本质属性或特征和非本质属性或特征区分开来，从而舍弃非本质属性或特征，并抽取出本质属性或特征，提高抽象概括能力。另外，计算机多媒体及其网络环境是教师创设教学情景的最佳手段和环境，它在短时间内用图、文、声、像、动画等不同表现方式快速展现教学情景所需要的各种教学资料，刺激学生感官，激发学生探索知识的欲望，能够较好地培养学生的抽象概括能力。

2. 应用原有知识，建立教学逻辑结构

学生头脑中原有的知识是进行意义建构的基础，物理学是以基本概念为基石，以基本原理为骨架，以基本方法为纽带所构成的逻辑体系。物理学的知识结构包括实验基础、理论体系（物理概念、物理定律、物理定理、物理理论及其相互关系）、数学表达、物理学方法、延伸与应用等内容。这些内容之间存在着紧密的逻辑关系。因此，在物理教学中，应抓住这种关系，精心设计教学内容，使之具有合理的逻辑结构。首先，课堂教学中应按照提出问题—分析问题—解决问题的逻辑主线展开教学内容，做到提出疑问以激发学生的学习兴趣和吸引学生的注意力，分析疑问以启发学生积极思考和正确推理，以培养学生思维的逻辑性和严密性，结论简练（引导学生自己总结）以培养学生抽象概括能力和便于学生

牢固记忆。其次，建构物理知识，形成知识结构。在物理教学中，要不断地进行总结，这不仅可以使学生搞清各部分知识之间的逻辑关系，明确各知识点在知识结构中所处的地位、各个概念及规律之间的联系与区别，而且还可以培养学生的归纳和概括能力。

3. 教师要让学生掌握抽象思维的方法

物理学中抽象思维的方法主要有分析与综合的方法、抽象与概括的方法、归纳与演绎的方法、比较与分类的方法、科学推理的方法等。物理学的研究对象和研究过程，大都是经过分析、综合之后，把最本质的、最基本的抽象出来而所建立的理想模型和理想过程。在教学过程中，要说明引入理想模型和理想过程的必要性、可能性和合理性，使学生认识到把复杂的问题简化既有必要性又有意义，同时，使学生掌握如何将实际问题转化为物理问题、如何简化物理对象和过程，从而培养学生研究和处理问题的理想化的思维方法。物理概念是抽象思维的成果，在概念教学中，不仅要使学生搞清物理概念所反映的物理现象、物理过程的本质，搞清其定义式，而且要使学生明确建立物理概念的事实依据，引导学生在感性材料的基础上运用分析、综合、比较、抽象、概括等方法得出物理概念，同时了解物理概念的外延及与有关概念的区别和联系，搞清物理概念的来龙去脉。物理规律是在观察和实验的基础上，经过物理思维和数学推理得出的。因此，在物理规律教学中，要使学生在把握新旧知识的相互联系和建立物理规律的事实依据的基础上，搞清建立物理规律的思维方法和思维过程。

二、物理课堂教学创新

(一) 物理概念教学创新

物理概念不仅是物理基础知识的重要组成部分，而且也是构成物理规律，建立物理公式和完善物理理论的基础和前提。传统的物理概念教学不重视概念的形成过程教学。创新教育下的物理概念教学要重视概念的形成性教学。学生形成物理概念，一般要经历认知定向—找出共同特征—抓住本质属性—进行抽象规定—深入理解概念，这样一个大致的过程。

第一，注重概念的引入，明确引入某一概念的目的。认知定向就是要让学生明确引入某一物理概念的目的，搞清要引入这个概念的原因；认知定向通常是在教师的指导下实现的；在感知物理现象、建立物理表象之后，教师应该让学生明确，接下来要做哪些事情，要做这些事情的原因，使学生的认知活动指向确定的方向。通过物理概念的引入教学，让学生明确建立物理概念的目的，其目的包括两层含义：一是一个物理概念的建立是为了解决存在的物理问题；二是概念建立后是为了又去研究新的物理问题，从而建立新的物理概念。通过链锁式的物理概念建立过程，形成了物理概念体系。

根据学生已具备的知识准备、物质准备、心理准备、结合物理概念的特点，有下面四种引入概念的方法：一是从生活实际引入。在学生获得大量生活经验的基础上，通过一系列的思维活动，找出该类现象的共性，从而引出新的概念。二是从实验现象引入。对于缺乏建立概念所需的足够的感性经验，需要通过实验，使学生获得生动、鲜明的感性认识，再找出物理现象的特征，引出物理概念。三是在旧知识的基础上引入。在学生具备了必要的物理知识和感性认识的基础上，通过旧知识的复习，引出新的物理概念。四是从理论的需要引入。在学生具备了必要的物理理论基础上，通过逻辑的、数学的推理，引出物理概念。

第二，在物理概念的形成中，让学生掌握物理科学方法。科学方法与一般的科学知识不同，它所涉及的不是物质世界本身，而是人类认识物质世界的途径与方式。一个物理概念的形成，必将有与之对应的科学方法。教师应找出物理概念形成的科学方法，并引导学生在引入物理概念过程中归纳总结。

第三，在物理概念的形成中，引导学生自行找出概念的变式。变式是交替变换所提供的形式，它是不断变更对象的非本质属性，而使本质属性恒在。物理概念应该有多种不同的表达形式。在物理概念的形成中，教师要善于引导学生找出概念的不同表达形式。当然，其前提是必须重视概念的形成性教学，否则学生很难找出概念的变式。

第四，通过物理概念的形成性教学，加深对概念的理解，消除对概念的模糊认识。明确了物理概念的定义并不等于理解了它。一些学生对概念的定义背得滚瓜烂熟，但并不理解概念所反映的本质属性是什么，对概念产生了很多模糊的认识，具体表现在有关考查基本概念的选择题、判断题错误率高。究其原因，一是在下定义前缺乏必要的感知、表象、认知定向、找出共同特征和抓住本质属性的认知环节；二是在下定义后没有回过头来对概念进行深入理解。因此，为了消除对概念的模糊认识，正确理解物理概念，概念的形成性教学尤为重要。

第五，要求学生不要死记硬背概念，重在理解和运用。对学生掌握物理概念的要求是：先是理解概念，然后才能记忆概念的定义；反对在不理解物理概念的前提下就死记硬背；检验是否理解概念的标准是能否运用物理概念解答问题。在物理概念的形成过程中，到了下定义阶段，要求学生自行定义物理概念。在下定义过程中鼓励学生用自己的语言表达出来，只要能抓住了概念的本质属性，不要强求语言的简练。在下定义时，先不要看书，在教师对学生的"定义"做了评判后再请学生对照课本，对自己的"定义"进行反思。课前复习旧的物理概念时，要求学生不能对照书本回答有关概念的定义这类提问。当然对回答正确的（与书本概念语言一致的）予以表扬，但对学生没有完全按照书本语言回答，只要不是完全错误，特别是回答出了概念的某种变式，更应该鼓励，只要所回答的概念定义抓住了它的本质属性，就应该鼓励他有创新，说明他对概念理解了。对物理试卷的命题原则是不出死记硬背的题目，特别是对概念的定义类试题。有关考查概念掌握的试题多半以判断、选择题及有关概念运用的习题形式出现。换言之，试题既不要太难、太偏，也不能太"死"，要求要"活"。学习物理概念的目的是，先理解后会运用它解决问题。

（二）物理规律教学创新

物理规律是物理知识的骨架，它反映了物理对象、现象、物理过程在一定条件下必然发生、发展和变化的规律，反映了物质运动变化的各个因素之间的本质联系，揭示了在一定条件下物理概念之间内在的、必然的联系。物理规律的掌握是物理学习将感性认识上升为理性认识的核心阶段。与形成概念类似，这一阶段一般要经历认知定向—找出内在联系—加以规范表述—深入理解规律，这样一个大致的过程。

学生感到物理规律难学、难以理解，特别是难以灵活、正确地运用它来解决物理问题。究其原因，最主要的是学生对物理规律的感性认识不足，没有足够的、能够把有关的物理现象及其之间的联系鲜明地展示出来的实验或学生日常生活中熟悉的、曾经亲身感受过的事例做基础，学生就很难理解物理规律的来龙去脉、物理意义、适用条件等。

为了让学生更好地掌握物理规律，教师必须给学生提供足够多的感性材料，遗憾的是很多教师还没有认识到这一点。应试教育下的物理规律教学重视物理规律的结果而忽视物理规律的建立过程；只一味地讲解物理规律，然后利用它去解题，而并不去考虑如何让学生去发现、得出、学习物理规律。对物理创新教育而言，传统的只重结果的物理规律的教学只能是本末倒置，不能培养学生的创造性。因此，必须对物理规律的教学进行创新，要体现物理规律教与学的发现性。

"发现学习教学模式"和"问题解决教学模式"适合于物理规律的教学。前者适用于物理规律的建立过程，后者适用于物理规律的运用过程。两者相比，虽然后者是目标，但前者是基础。没有"发现性"教学过程，学生无法获得足够的感性材料，不可能真正理解物理规律，那么就无法灵活地运用它去解决问题。

第一，通过物理规律的发现性教学，有助于对物理规律的理解。任何物理规律一般都可以用文字表述，即用一段话把某一规律的内容表达出来。该话非常精练，但含义却非常丰富。理解文字表述中的关键的字、词又是理解物理规律的前提。对于物理规律文字表述，特别是其中关键的字、词的真正理解，学生只有在通过"发现性"学习，在教师的指导下，自己对有关物理现象和物理过程进行深入研究，运用各种思维方法，亲自"发现"物理规律，从而对它的本质有相当认识的基础上，才能做到这些。切不可在学生毫无认识或认识不足的情况下，把物理规律"搬出来"，不加分析地"灌"给学生，让学生死记硬背。这样，离开了认识的基础，颠倒了认识的顺序，学生就不能真正理解物理规律的含义，背得再熟也不可能真正理解和灵活运用。

第二，发现物理规律的多角度表述形式，加深对物理规律的理解。同一物理规律从不同的侧面认识，有不同的表述形式。通过"发现性"学习得出了物理规律的一般表述形式后，我们不能就此满足。为了加深对物理规律的理解，教师应引导学生转换思维角度，变换已知条件，探讨发现出其他的表述形式。

第三，通过"发现"物理规律的学习，让学生掌握发现物理规律的三种方法。发现物理规律是一种创造性的脑力劳动，除需要必要的物理知识外，还必须运用各种思维方法。纵观物理学史，发现物理规律有三种方法：实验探索法、理论推理法、假说验证法。首先，实验探索法。实验探索法就是通过有限的实验事实，从通过观察到的实验结果中分析、归纳、概括找出物理概念间的内在联系，总结出物理规律的方法。实验探索法是物理学特别是经典物理学中建立物理规律常用的方法。其次，理论推理法。理论推理法就是根据已有的物理概念和物理规律，通过逻辑推理或者数学推导，得出新的物理规律的方法，它又分为理论归纳法和理论演绎法两种。理论归纳法就是利用已有的物理概念和物理规律，经归纳推理，得出更普遍的物理规律的方法。理论演绎法就是利用较一般的物理规律，经演绎推理得出特殊的物理规律的方法。最后，假说验证法。假说验证法就是先假设给出概念间的内在联系，然后从实验事实或已有知识中寻找根据证明其假设的方法。

第四，运用物理规律解题过程中模式的淡化。发现物理规律的目的是运用物理规律去解决物理问题，对学生而言，最常见的就是解答物理习题。培养学生的解题能力是创新教育的目的之一。在刚学习物理规律时，为了提高学生的解题能力，教师引导学生自行归纳出解题模式，即解决某类问题的步骤是必要的。对于初学者而言，这是一个很好的教学方法。

创新教育要学生不仅会解答物理问题，而且要能创造性地解决物理问题，提高创造性解决物理问题的能力。所谓创造性解决物理问题就是要求我们在解题时不要受某种模式和思维、方法的束缚，解题要有新意（新的思路、新的方法等）。在物理规律教学中，教师归纳出了解题步骤后，应当向学生表明，解题步骤只做参考，不要太强调步骤的固定化，鼓励学生找出自己的解题方法。事实上，无论是对定律的理解还是定律的运用的方法步骤都不是死的、一成不变的。随着对定律理解的加深、对定律应用熟练程度的提高，学生会发现一些灵活的、属于自己的、独特的应用定律的方法。

（三）物理习题教学创新

当前物理习题教学中存在的一个普遍的突出的问题，许多教师采用"题海战术"来试图提高学生的解题能力。所谓"题海战术"就是通过学生的大量的解题让学生熟悉并记住各种类型习题的解法，以求在考试时学生用不着多动脑筋就能迅速地与练习过的习题"对号入座"而完成习题的解答。创新教育下的物理习题教学反对"题海战术"，它强调习题教与学的"开放性"。习题教学的"开放性"是基于培养学生的创新意识、创新精神，培养学生发散性思维和直觉思维，从而提高学生创造性地解决物理问题的能力而提出来的一种习题教学策略。

1. 选取的习题要"新"与"精"

习题教学是把知识转化为方法和能力的中介环节，习题选取是创新教育下的习题教学的基础。习题的选取既要体现习题教学的有效性（即习题教学的效率高）又要体现习题教学的创新性（有利于学生创新能力的培养），因此，选取的习题应"新"且"精"。

选取的习题要"新"是要做的每道习题应该具有"新型性"，也就是应该多做生疏类型的习题，有利于丰富学生的认识结构，巩固、深化、活化基本概念和规律，发展分析问题和解决问题的能力；还应该具有"独创性"，也就是说通过习题的解答要利于突破学生的思维定式，可以有独创、新型的解法来解答该习题，而不是其他解法的机械重复，这样有利于学生掌握新的解题方法，以发展学生的创新能力。当然，"新"的习题与平常所说的"偏"题、"怪"题并不是同一个概念，不能够轻易画等号。

选取的习题要"精"是选做的习题要有典型性、针对性、启发性，要能够通过该习题的解答达到解决同类问题的目的，即要能起到举一反三的作用。绝不能贪多，更不要搞"题海战术"，以避免负担过重、为做题而做题、做题后不思考、死记硬背题型、乱套公式等学习效率低下的情况出现。

2. 练习"条件不完备"的习题

所谓"条件不完备"的习题是指初看起来好像条件不充分，无法求解的物理习题。实际上，这种习题有两种情况：一是条件不必要那么多，因为在列出物理方程求解的过程中有些物理量可以通过数学方法"处理"掉或者几个物理量可以"整合"成一个物理量；二是有些物理条件以多种方式隐含在物理习题中，需要认真挖掘才能找出。物理条件可能隐含在物理过程中；隐含在物理图像中；隐含在语、词中；隐含在常识中；隐含在物理模型中；隐含在临界状态中；隐含在几何关系中。通过"条件不完备"习题的教学可以提高学生运用数学知识解决物理问题的能力；可以提高学生深入挖掘物理习题中隐含条件的能力。在物理习题教学中，要多让学生练习这类习题。

3. 练习条件多余的习题

所谓条件多余的习题是指在所给出的物理习题中的已知条件（含显性和隐性）比解答此习题所必需的条件要多的物理习题。此类习题由于条件过多，往往会扰乱学生的视野，干扰学生的思维，影响学生正确、简洁地解答物理习题。多余的已知条件往往成为"干扰因素"。很多学生在解题时往往会认为应该把所有已知条件都利用起来，从而使解题过程中出现混乱；或者把本来非常简单的习题解得复杂起来。学生多练习条件多余的物理习题，有利于他们透过表面现象抓住事物的本质属性，有利于培养他们排除干扰因素正确解答物理问题的能力。

4. 练习有多种可能答案的习题

有这样一种物理习题：它的答案不是唯一的，在不同的情况下有不同的答案，即有多种可能的答案。因此，要想求出这种问题的所有答案（如果只求出其中部分答案，不能说这种习题完全做完了），必须拓展思维，从不同的思维角度来分析问题，分析出各种可能发生的物理现象和物理过程。通过这种有多种可能答案的物理习题的练习，可以培养和提高学生的发散性思维能力和分析问题的能力。在习题教学中要注意让学生多练习这种习题。

5. 注重一题多解与一题多变

一题多解是学生在教师的指导下，多层面、多角度地分析物理习题中的数量关系，寻求多种解题策略的一种教学方式。它有利于发展学生思维的流畅性、变通性和独创性。解物理习题时，应当思维开阔，会从不同角度去寻找解题途径。"一题多解"不同于"多题一解"。多题一解是以同一种方法同一种思路对很多题做简单的机械的多次重复，显然这是"题海战术"的做法。而一题多解则不是追求解题的数量多，而在于追求解题的质量高，有利于解题能力的培养。一题多解要注意解法要"新"和"精"。解法要"新"是指要追求解法的"求异"和"独创"。所谓"求异"是指解题的方法要与众不同；所谓"独创"是指解题的方法要特殊，尽量用非常规解法。解法要"精"是指要追求解法的"精练"和"简便"，尽量采用最简单的方法求解。在平时教学中，教师不仅要引导学生找出多种解法，而且要找出其中最"新"、最"精"的解法。在学生做作业和考试中，要求学生在对习题做出全方位的考察后，选出一种最佳的途径（体现既"新"又"精"的途径）来解答习题。

一题多变是指改变习题的条件，把习题从正面、反面、侧面等进行适当的展开，使旧题变成有新意的题。一题多变能有利于学生系统地掌握某一基本原理和规律；有利于学生拓宽思路、开阔视野，满足对知识的欲望；有利于培养学生的发散思维和灵活性处理问题的能力。

6. 解答习题后要进行相应反思

解答习题后还必须进行反思。解题后的反思分为两个过程：一是解题后的检验；二是解题后的讨论。解题后的检验是指思考解题过程的正误，检验结果是否符合客观实际和物理规律。解题后的检验有利于培养学生思维的严谨性和精确性。很多物理习题的答案在教学上有意义但在物理上则不一定有意义。有些学生不分析物理过程而乱套用物理公式，得出的结果"好像"正确，但一检验就会发现是错误的。解题后的讨论是指在习题全部解答完毕后（包括对结果的检验）思考一下："自己解题是否成功？如果成功了，经验是什么？如果失败了，原因是什么？从中能吸取什么样的教训？通过这道题的解答能否得出解答此类问题的方法？"

（四）物理实验教学创新

物理实验是物理学理论的基础，也是物理学发展的基本动力。物理实验在物理学发展中的一个主要作用就是发现新事物和探索新规律。创新教育下的物理实验教学要求体现实验的探索性。只有重视实验的探索性教学才能培养学生的创新能力和创新意识。在实验的探索性教学中可以使学生在"探索"和"发现"实验现象和物理规律过程中体会到成功的乐趣，增强其对实验的信心，发展其利用实验"发现"问题和"研究"问题的能力，同样也可以有利于对物理知识的学习。为了实施实验的探索性教学，可以从以下方面对物理实验教学进行创新：

1. 将物理验证性实验变为探索性实验

中学物理教材上安排的学生实验中大部分是验证性实验，即在新课中讲授了有关的规律和原理后再用实验自己来验证。中学物理教材第一册七个学生实验中有四个是验证性实验，它们是互成角度的两个力的合成、验证机械能守恒定律、验证玻意耳定律、验证理想气体状态方程。验证性实验仅能培养学生的动手操作能力，而不能培养学生的探索性。因此，建议把这些验证性实验改为探索性实验。当然，并不是任何验证性学生实验都适合于改为探索性实验，具体哪些能这样要视具体情况而定。

将物理验证性实验变为探索性实验的具体实施方案是，把验证性学生实验变为课堂随堂实验，也就是通常所说的"边讲边实验"。在新课教学中通过教师的引导让学生自己利用实验来得出物理规律和物理原理，从而增加对物理规律、原理的感性认识，既有利于规律、原理的理解，又培养了学生的探索性。可以变为探索性实验的验证性实验应满足下列条件：教师容易控制学生实验过程，使学生的实验与教师的教学融为一体。我们强调探索性实验的重要性，但也不能完全忽视验证性实验。对于重要的、需要利用丰富的感性材料来帮助理解的物理规律和原理，在利用探索性实验得出后，如果再用验证性实验来验证它，既可以加深对它的理解，又可以提高学生的实验能力。

2. 将物理演示实验变为学生随堂实验

课堂演示实验是一种重要的教学方式，它主要在课堂上由教师进行实验操作，并通过教师的引导和启发，帮助学生观察、思考和理解实验过程，从而达到一定的教学目的。在这种教学方式中，教师担任实验的主体，发挥着主导和积极的作用；而学生则作为观察的主体，处于相对被动的地位，通过观察和思考，逐渐深化对实验内容和相关知识的理解。演示实验不利于培养学生的创新能力和探索能力，它是创新教育不提倡的，因为：其一，创新教育要求以学生为主体，学生应成为实验的主动者；其二，演示实验一般都是教师动手，学生观察，由于教师具有较高的实验技能，再加上课前的充分准备，实验结果都很理想，虽然它有利于学生对物理概念、规律的理解，但无形中就会增加学生的依赖性。

为了体现物理实验教学学生的"探索性"，应尽量地将演示实验变为"学生随堂实验"。所谓学生随堂实验是指在新课教学中，学生在教师的引导下，设计实验方案，自己通过实验来发现和得出物理概念和规律的实验教学方式。根据教师引导的方式和多少，学生随堂实验可分为三种：其一，教师引导很少，具体操作全由学生自己完成的"随堂学生实验"；其二，教师引导学生一步一步地做，一步一步地观察、分析和归纳、概括的"边讲边实验"；其三，教师边讲边演示，学生再一边跟着做的"边演示边实验"。三种实验中，第一种更强调学生的主体性和学生自己的"探索性"，第三种学生的创新成分最少，应尽量少用。何种情况采用何种形式的学生随堂实验要视实验的复杂程度、难度和知识面以及所要"探索"的物理概念和规律的难易、复杂程度而定。将演示实验改为学生随堂实验，由于各个学生参差不齐的知识水平及实验技能，实验当中容易出现各种与实验结论不相符合的结果，这很容易引起学生对教材中的实验结论产生"怀疑"。在进取心驱动下，为确信自己的实验结果而重做，甚至多次反复做，当自己的实验结果与教材中结论一致且确信自己的实验无错，才会消除怀疑心理。

3. 重视学生物理实验设计能力的培养

创新教育下的实验教学要想培养学生的创新能力和探索能力就必须重视实验设计能力的培养，因为实验设计的过程是一种创造性的过程，没有现成的方法供你去沿用，不同的学生对同一个实验也可能有不同的设计方案。通过尽量设计多种实验方案，可培养创新思维的流畅性。在物理教学中在适当时机，提出实验问题，引导学生对于某种实验目标，自行设计出尽可能多的实验思路和方案，并从中选择最佳的实验方案，可以培养学生创新思维的流畅性。设计型实验的类型包括：一是给出实验目的、实验器材，设计实验方案；二是只给出实验目的，自己选用器材，设计实验方案。培养学生实验设计能力的途径如下：

（1）课堂实验前先让学生讨论设计实验方案。课堂实验（含演示实验、学生随堂实验和学生实验）的实验方案书上已经详细给出，为了达到培养学生实验设计能力的目的，教师在实验前可引导学生先讨论设计实验方案，再从中选出一种最佳的实验方案（用来引入新课的演示实验除外；最佳的实验方案大部分一般是书上介绍的，但也可以不是书上介绍的）。

（2）设计实验方案来验证物理规律。教材中有关实验特别是学生亲自动手的实验很少。物理规律的建立和发现过程有些是理论推理，有些是假说验证，有些是实验探索。为了培养学生的实验设计和操作能力，我们在得出了物理规律后（特别是通过理论推理和假说验证得出来的规律），要尽量引导学生设计实验来验证，即使是停留在设计阶段，无条件具体操作也未尝不可。

（3）在物理教学中多层面地穿插进行物理实验设计的教学。能力的培养不是一朝一夕的，需要教师在凡是可能进行的时机都要及时、经常地对学生进行。

（4）布置设计并自行找器材实验的课外作业。课堂上利用教学时间来培养学生的实验设计能力毕竟有限。我们可以布置一些课外作业让学生来完成。首先，教材上阅读材料或补充材料上的小实验要求学生全部去完成；其次，另外布置一些作业让学有余力的学生去完成。

第三节　物理教学中的创新型人才培养

"随着信息化社会的发展，培养创新型人才，变得尤为重要。"[1] 物理教学中的创新型人才培养是培养学生创造性思维、问题解决能力以及科学研究素养的过程，创新型人才培养可以从以下方面着手：

第一，实践性教学。实践性教学是培养学生创新思维和解决问题能力的有效途径。实践性教学强调学生亲自动手进行实验和项目设计，使他们在实践中探索物理规律，深化对知识的理解，并提高应用知识解决实际问题的能力。通过实践性教学，学生亲身参与实验和项目设计，主动探索和发现知识。这样的学习方式激发了学生的好奇心和求知欲，激发了他们对物理世界的兴趣。当学生亲自动手进行实验时，他们不仅仅是在学习理论知识，还可以亲身体验科学探究的乐趣，并逐步培养起对科学研究的兴趣和热情。此外，实践性教学还有助于培养学生的动手能力和解决问题的能力。在实验和项目设计中，学生需要动手操作仪器、收集数据、进行分析和解释，这些过程锻炼了他们的动手能力和实际操作能力。同时，当学生在实践中遇到问题时，他们需要动脑思考、寻找解决方案，这有助于

---

① 郑胜利. 浅谈物理教学中学生创新能力的培养 [J]. 试题与研究（新课程论坛），2011（18）：92.

培养他们的解决问题的能力和创新思维。

第二，启发式问题解决。在物理教学中，启发式问题解决的方法不仅要让学生熟记公式和定律，而且要引导他们面对开放性和复杂性问题时，通过自主思考和探索来找到解决方案。通过这样的问题解决过程，学生不仅学会了应对具体问题的技能，更重要的是培养了他们的创造性思维和创新意识。首先，在启发式问题解决中，教师通常会提出具有挑战性和启发性的问题，激发学生的思考和好奇心。这些问题可能没有固定的答案，需要学生通过探索和实验来找到解决方案。学生在解决这些问题的过程中，需要发挥自己的想象力和创造力，尝试不同的方法和思路，从而培养了他们的创造性思维。其次，启发式问题解决还有助于培养学生的创新意识。在解决问题的过程中，学生需要不断地尝试新的思路和方法，勇于尝试和接受挑战。他们可能会面临失败和困难，但是通过不断反思和调整，最终找到解决方案。这样的过程不仅锻炼了学生的意志品质，更重要的是培养了他们的创新意识和创业精神。

第三，跨学科整合。跨学科整合将物理学与其他学科（如数学、化学、工程等）结合起来，开展跨学科的学习和研究项目，为学生提供了更广阔的学习空间和更丰富的学科体验。首先，跨学科整合有助于拓展学生的学科视野和思维边界。传统的学科划分往往会使学生陷入狭窄的学科观念中，难以融会贯通。而通过跨学科整合，学生将有机会接触到其他学科的知识和方法，了解不同学科之间的联系和相互作用，从而拓展自己的学科视野，培养综合性思维。其次，跨学科整合可以促进学科之间的交叉学习和交流。在跨学科的学习和研究项目中，学生需要与其他学科的同学和老师进行合作，共同解决跨学科的问题。这样的合作不仅能促进学科之间的交流和合作，还能培养学生的团队合作精神和沟通能力，为他们未来的职业发展打下了良好的基础。最后，跨学科整合可以培养学生的跨领域解决问题的能力。在跨学科的学习和研究项目中，学生需要综合运用不同学科的知识和方法，解决具有挑战性和复杂性的问题。这样的学习和研究过程可以锻炼学生的综合分析和综合判断能力，培养他们解决跨领域问题的能力和创新潜力。

第四，探究性学习。在物理教学中，探究性学习是培养创新型人才的重要手段之一，这种教学方法的核心在于激发学生的主动性和好奇心，通过引导他们进行科学实验、观察和数据分析，培养其探究和发现物理世界的能力，以及科学研究素养和批判性思维。首先，探究性学习强调学生的主动性和参与性。相比于传统的课堂教学，探究性学习更加注重学生的参与和亲身体验。学生在学习过程中，不再是被动接受知识的接收者，而是通过自己的实践和探索，深入理解物理现象背后的原理和规律。这样的学习方式不仅能够激发学生的学习兴趣，还能够培养他们的主动探究精神和自主学习能力。其次，探究性学习有助于培养学生的科学研究素养和批判性思维。在探究性学习中，学生需要进行科学实验、观察和数据分析，从而深入了解科学研究的方法和过程。通过这样的学习过程，学生不仅能够掌握科学研究的基本技能，还能够培养其批判性思维和科学精神。他们能够从批判性的角度审视问题，提出合理的假设和实验设计，并对实验结果进行客观分析和评价，从而培养了他们的科学思维和创新能力。

第五，创新项目竞赛。在物理教学中，创新型人才培养可以鼓励学生参加各种物理学的创新项目竞赛，如科学展览、科技竞赛等。创新项目竞赛不仅提供了展示学生科学研究成果的平台，更重要的是通过参与竞赛的过程，培养了学生的团队合作精神、创新意识和解决问题的能力。首先，创新项目竞赛鼓励学生团队合作，促进了学生之间的交流和合作。在竞赛中，学生通常需要组成团队，共同解决一个具有挑战性的问题或开展一个创新性的项目。在这个过程中，学生们需要相互协作、分工合作，共同完成项目的设计、实施和展示。通过与同学们的合作，学生们不仅学会了团队合作的重要性，还培养了团队合作精神和沟通协作能力。其次，创新项目竞赛激发了学生的创新意识和创造力。在竞赛中，学生需要面对具有挑战性和复杂性的问题，需要寻找创新性的解决方案。为了在竞赛中脱颖而出，学生不断地思考和探索，尝试新的方法和思路，从而培养他们的创新意识和创造力。这种创新意识和创造力的培养，对于学生未来的科学研究和创新实践具有重要意义。最后，创新项目竞赛能够锻炼学生解决问题的能力。在竞赛中，学生需要独立思考、分析问题，并提出合理的解决方案。他们需要克服各种困难和挑战，坚持不懈地追求目标，最终完成项目并取得优异的成绩。这样的竞赛经历不仅能锻炼学生的解决问题的能力，还能培养他们的意志品质和坚忍精神。

第六，信息技术支持。在物理教学中，信息技术的运用为培养创新型人才提供了新的机遇和可能性。其中，利用信息技术手段如模拟软件、虚拟实验平台等，为学生提供更为丰富、生动的学习资源，从而激发他们的学习兴趣和创造性思维。首先，信息技术的运用丰富了物理学教学的内容和形式。传统的物理学教学主要依靠教科书和实验室实践，但是信息技术的发展为教学提供了更多元的选择。通过模拟软件和虚拟实验平台，学生可以进行更多样化、更具体的实验操作，观察和探索更广泛的物理现象，这不仅使学习过程更为生动、有趣，同时也能够提高学生的学习效率和深度。其次，信息技术的应用拓展了学生的学习空间和时间。传统的实验室教学受限于场地、设备等条件，但通过虚拟实验平台，学生可以随时随地进行实验操作和模拟实验，不受时间和地点的限制。这种灵活的学习方式为学生提供了更为便利的学习体验，使他们能够更自主地掌握学习进度，培养出更强的自主学习能力和学习动力。最后，信息技术的运用还促进了学生的创造性思维和解决问题能力的培养。通过模拟软件和虚拟实验平台，学生可以自主设计实验方案，调整实验参数，观察实验结果，从而培养了他们的观察分析能力和创造性思维。同时，学生在使用信息技术工具时，常常需要解决一些技术问题和操作难题，这锻炼了他们的问题解决能力和动手能力。

第四节　以实验创新促进思维创新的物理教学

创新是时代发展与社会进步取之不尽、用之不竭的动力源，如果缺少创新，便无从谈起人类物质与精神条件的改善。具体到教育领域，学习者创新思维的培养必然成为当前时期各门课程教学之中一贯的内容，例如，物理学科本身以实验为要点，而实验对于学生创新思维发展意义重大，便更应当突出实验教学活动中隐含的创新引导潜能，也就是要把握物理实验时机，以较强的针对性对学生的创新思维理念进行培养，通过实验内容、实验方法等方面的创新调整，将更接近于学生思维创新的理想境界。

一、以实验创新促进思维创新的物理教学原则

物理实验教学创新将为学生思维创新创造条件、提供机会，以实验创新促进思维创新的物理教学应在遵循以下原则基础上，才能取得更理想的效果：

第一，教学设计科学性原则。科学性原则是物理实验创新设计之中最基础性的要求，它侧重于强调所有实验设计方案的提出，以及应用实验原理、选择实验器材，还有对实验数据进行处理等，均要有科学依据作为归依，并保证处理方式的正确性，只有这样才能在实验中既真实又客观地反映揭示物理概念、揭示物理规律，并因此取得创新思维的发展。

第二，实验流程趣味性原则。学习者思维拓展与创新，同其所面对学习内

容，所应用学习方法趣味性程度之间的关系，已经有相当丰富的研究成果。对于物理实验而言，越有趣的实验流程，越容易让学生获取思维创新机会。为此，物理实验创新应当保证趣味性原则的落实，在创新设计时充分考虑学生心理特点及认知水平，让"新""奇""趣"的实验服务于学生发展。

第三，实验过程安全性原则。所有物理实验活动均需要以安全性为前提，实验创新时，同样应当依托规范化操作来保证过程的安全性，只有这样才能使学生置身于理想的思维创新活动空间之内。例如，实验过程中，实验仪器应当避免损坏，要做好仪器维护、检查，找准仪器的操作时间等。再如，师生应当在人身安全方面形成强烈意识，在高压绝缘、药品及放射性物质取放诸多方面养成规范操作的习惯等。

二、以实验创新促进思维创新的物理教学策略

（一）做好直接创新物理实验

对于物理学科而言，它的定义、定律、规律等均建立于大量实验基础之上，教材对于相关的实验给予一定表现，教师在实际教学时，应当重视教材内容，以之为桥梁纽带，做好实验的直接创新工作，这将让学生找准目标，以目标为牵引，在完成实验探索任务的同时，取得一定的思维创新成果。具体讲，教师需要根据物理特性、课标要求、教育教学实际情况，尊重学生在学习期间的个性化发展追求，进行富于科学性与趣味性的物理实验教学设计。为了达到理想的设计效果，教师可利用课前备案、计划设计、情境构建、问题创设等进行多角度的思考，对教学机制加以完善，从而让学生在实验状态下因兴趣学习与主动学习而取得思维创新成果。在此期间，考虑到物理实验教学内容的丰富性，教师还可对课堂和教材范围之内的内容进行适度拓展，积极丰富实验教学资源，例如，借助微信、等平台寻求家长的帮助，或者布置有家长支持的实验任务等，经过丰富的内容，同样是实验直接创新的组成部分，它们将共同成为学生思维创新的强劲推动力。

（二）形成物理实验开放机制

形成实验开放机制使实验与理论部分融会贯通，是另一种促进学生思维创新的方式。传统物理实验教学，资源与方法受到比较严格的限定，学生在了解物理教材中的基本概念、定理、规律，并对实验步骤与实验结果有明确预知后才进入

实验状态。实验和理论相互分开，因此实际实验教学不具创新性，效果也往往流于表面，这种实验仅作为验证教材结论的一种方式而存在的做法，很显然无益于推动学生创新思维发展。因此当前阶段的物理实验教学，可利用开放实验资源与方法，使实验与理论教学相互渗透，从而促进学生提升物理知识学习的质量与效率提升。

（三）细化物理实验操作环节

为了帮助学生全面学习物理原理，教师需要引导学生仔细审题，把握住实验要求中的重要信息，同时对实验操作加以细化，因细节认知而获得思维创新的更有利渠道。为了达到这一理想的教学效果，教师应在实验教学期间，做正确实验操作的亲身示范，并考虑到不同实验类型操作难度的区别，合理化地进行实验策略安排，关于这一点，尤其要重视那些复杂程度较高、可大量展示细节的实验，因为学生对于实验操作流程的认识比较狭隘，甚至有同教材叙述、课堂讲解相抵触之处，所以可能造成其操作实验的不成功，对细节的观察、思考不到位，或者不能正确处理突发状况等，难以产生实验课堂应有的效果，为此教师则可在示范期间细化说明或展示实验环节，使细节也能够做到同教材内容环环相扣，这样才会让学生在自主操作时比较扎实地把握有关内容。

（四）突出物理实验生活导向

现实生活是所有知识形成的沃土、最终的归宿，即所有的学科知识都从现实生活中来，也要将其作为最终的服务和应用对象。在指导学生参与物理实验活动时，若教师一味借助常规课堂教学模式，忽略学生对于生活实际的追求，则最终的物理实验教学效果，以及学生相应的认知体都将受到影响。所以按照陶行知"生活即教育"理论，教师在开展实验教学时，应注意从生活视角进行创新性的探索，借此机会给学生以思维创新的提示与引导。换言之，在平时物理实验教学时，为使学生创新思维得到锻炼与提升，要在联系学生生活实际的前提下，使之有机会把生活之中的素材应用到实验流程中，或者借助物理实验知识，对现实生活之中的特定物理现象加以解释或验证，从而帮助学生更为有效地进行实验探究活动，突出实验创新与思维创新二者之间的关联性。

物理实验教学对于学生综合能力与学科核心素养发展的意义重大，而实验教学的创新则将突出影响学生的思维创新，考虑到二者关系的紧密性，作为物理教师，应当紧随时代脚步，革新教学观念，进行实验教学策略的多角度调整，起到用实验创新促进学生思维创新的效果。

第五节　新课程标准下物理创新思维能力的培养

物理是对物质本质的研究、对运动本质的探索。物理学作为自然科学，探究自然万物的结构，是新技术的基础。物理学的发展主要依靠实验，而创新是实验的生命力，也是实验的闪光点。实验方面的基础创新，可以丰富物理教学，培育学生学会知识迁移与物理创新思维能力。在物理课程进行中，兴趣展现了每位学生对于学习物理这一门课程的心理情况。对一个事物一种情境不断质疑、不断创新，要有自己的想法与看法，拥有自信的学生在面对新问题或者不理解的知识时，勇于分析和探究可能就会出现意外的发现。物理教师不仅引导学生了解物理学，还要帮助学生建构知识网络模型，这样可以为之后的物理学习留下可发展的空间。新课程标准下物理创新思维能力的培养可以从以下方面着手。

一、物理课前准备中激发创新思维意识

（一）选用合适的物理教学方法

一堂相同的物理课教学内容不同的物理教师会采用不同的、属于每位教师独特的教学方法。那么其中的教学方法其实并不存在是否正确，而应该是合不合适。一种教学方法面对不同的学生同样达不到好的效果，分层设计研究每位学生，尊重个体差异，只有符合当堂学生心理状态、学习情况的教学方法才是最好的选择。教无定法，教要得法，贵在依法。如教师通过钉钉授课、远程教学、播放录像等模式进行教学时，应该抓住学生，让屏幕前的每个学生都能认真听课，尤其在实验环节，在只能通过"讲实验"让学生了解知识的情况下，要选择合情合理的教学方法，让每个学生都可以获取知识，形成能力。

（二）鼓励积极的物理自主学习

教师要提供支持学生自由探索和自主学习的场所，学生可以利用丰富的资源达到自己的学习目标。例如，学习了物体的一些基础知识后，可以对生活中自己所感兴趣的运动问题查找资料进行自主探索。同时教师要学会等待，也许学生考虑和思索的时间会很长，但是解决困难后思维的突破是实现他们自我成长的必要环节，多支持学生们的爱好，帮助他们找到学习的兴趣和动力，变被动为主动。

当学生遇到问题时能通过自身拥有的知识经验学会自我建构框架，掌握物理知识，拥有创新思维，深切领会到"乐学"和"会学"。

二、物理教学过程中调动创新思维动力

(一) 创设和谐的物理课堂氛围

师生关系是教师的教、学生的学两者统一的过程，两者学会互相倾听营造和谐的教学环境和愉悦的教学氛围是必要的环节，良好的师生关系有助于提升学生积极学习的兴趣。呈现与每节课主题相关的物理情境，感受课堂氛围的趣味化是提高学生学习兴趣的关键点，兴趣推动着创新思维意识的进行。物理教师要转变理念，采用合适的方法调动学习的积极性，启发创新思维意识。教师要将物理学史融入教学过程中来丰富物理情境，物理学之美还可以帮助学生在头脑中形成丰富的物理图像，既可以丰富学生的见识眼界，也可以通过大量物理学家事迹锻炼科学思维，提高物理创新思维能力的有效途径。虽然可以采用实验来调动学生的学习兴趣，但是实验课堂的模式同样也需要改变，教师要多让学生亲自动手操作、研究，这样不仅仅可以使他们产生学习实验乃至理论知识的兴趣，还有助于培养他们的物理创新思维能力。所以轻松、有趣的课堂氛围更容易激发学生学习物理的兴趣以及物理创新思维能力的培养。

(二) 推动学生大胆地联想推测

通过联想可以激发思维的发散性，从而实现创新。只有敢于大胆推测，才能进一步拓宽我们的思路。在进行推测时，我们应当以自身已有的知识经验为依据，结合相关信息来预测未来的发展趋势。无论是问题的提出还是解决，每一个环节都涉及思维逻辑的深入探索和发现。这样的过程可以鼓励学生们积极展开联想与推测，从而培养他们的发散性思维。学生作为主体，自主、自发地提出问题和假设时，充分地反映出他们在教学过程中面临的问题。在师生、生生互动的过程中，可以采用"头脑风暴"① 的教学方法，鼓励学生放松思想，从不同的角度、不同的层次、不同的方面展开自由畅想，发表见解，这样可以在掀起讨论热潮，让大家的思想自由驰骋，迸发出创新思维。教师要重视学生的参与程度，在整个教学环节中关注学生，课前梳理知识建立框架体系，明确内容的核心要素、

---

① 头脑风暴，指无限制的自由联想和讨论，其目的在于产生新观念或激发创新设想。

核心问题；课中引导学生积极思考并且参与到课堂当中，由浅入深、由易到难层层分解其重点、突破难点，将重、难点落到实处。

（三）激励学生正确地提出问题

通过不同角度提出有意义的问题来创造问题情境，可以激发学生学习的积极性，并且用这种教学模式可以给学生提供创新思维方向，启发创新思路，学生通过观察和思考自发地发现问题并且找到适合自己的学习方式。通过创设拓展性问题情境，可以让学生的思维逐渐有广度；延伸性问题，可以让思维逐步有深度；激励性问题，可以加快学生知识的迁移与思维速度；疑惑性问题，可以让学生从复杂知识网络中以严谨、缜密的思维理清事物；矛盾性问题，可以让学生甄别真伪，找到本质。提出问题需要想象力，对物理创新思维有着举足轻重的作用。物理教学中，教师通过构建能够有针对性的问题场景，有助于学生思维的激发和物理创新思维的形成。

（四）引导学生高效地解决问题

在物理教学中，激发学生思维的活跃度并引导他们以高效的方式分析和解决问题至关重要。当学生在面对某个问题长时间无法找到解决方案时，可以策略性地采用"酝酿效应"。这一策略涉及延迟对问题的直接评判，暂时将问题搁置，让时间发挥作用。待学生经过一段时间的沉淀后，再回顾该问题，新旧记忆的交融将打破原有的思维定式，进而激发新的思考，重新构建解题路径，并可能产生全新的见解，从而找到有效的解决方案。通过这种方法，我们旨在培养学生独立思考的习惯，使他们在面对挑战时能够保持冷静、不急于求成，而是学会适时地放慢节奏、深入思考，从而推动他们的思维向更深层次发展。把一个复杂的大问题分解为很多个小问题，有针对性的问题有助于活跃思维，让学生共同设计小实验来解决问题有助于物理创新思维能力的形成。当学生找到解决困难的方案时，老师尽量依据实际情况给予建议即可，而非直接肯定或否定，这样有助于培养学生对于自己提出的方案的可行性进行讨论和思考，而后师生、生生互相讨论构建更佳的方案。因此，教师在物理教学时要重视解决问题的方法，让困难不仅得以高效解决更让思维得以深入。

（五）组织共同的物理探究活动

探究活动源于日常生活，是物理教学的主要内容，能影响学生的认知情感和物理创新思维，激发学生探究兴趣，积极、主动地解决问题。物理教师的指导，不仅仅要明确任务和要求，还要注意观察学生，及时给出必要的指导和对结果的检查反馈，帮助学生们达到活动目的。探究过程中的分组并非随意组合，教师要通过掌握学生的能力、性格等多方因素，合理划分小组来提供一定的帮助，保证每个探究小组之间的同等质量和小组内部之间的差异性，保障问题讨论、实验操作等探究活动的有序进行。在探究活动结束后，师生共同根据收集的数据进行分析、推导等方式，得出与探究之前的假设相一致的结果。后续教师可以通过让学生在互动环节中，发现问题和个人体验等，进行评估交流环节达到学生的自我评估，注重学生的主体作用。通过引导自我评估，持续反映出他们在探究过程中的收获、体会和不足，并且通过对问题的分析，根据交流反馈的结果增进对整个内容的理解。经历科学探究过程，体会科学探究方法，培养科学探究素养，树立科学价值观，要以物理的视角审视生活与环境，将科学探究素养的培养分解到每一节课堂、每一个实验中，让探究技能转化为能力的培养。

（六）进行及时的物理开放训练

传统的训练模式主要侧重于提供答案和讲解错题，然而，这种模式的目的并不明确，针对性也显得不足，难以有效突破重点和难点。相比之下，新课程内容的讲解过程中，必须重视基础且及时地开放训练。这种训练方式从基本概念出发，通过创设情景，实现一题多变的训练效果，从而使学生能够举一反三，及时巩固所学知识。这种新的训练模式不仅提高了学生的学习效率，还有助于培养其独立思考和解决问题的能力。而纷繁复杂的问题，要通过开放训练让学生看到问题背后的内容，并让学生们将自己总结出的经验和方法记录下来并加以巩固。虽然解题后的答案是唯一的，但解题的方式是灵活多样的，一题多解的开放训练便是培养学生物理创新思维能力的一种方法，让学生在遇到问题时开阔思路，能从多个方面、多个角度去考虑一个问题。学习的关键在于平时的积累，所以要注意不能通过考试等方式来决定物理教学、捆绑学习效果，而是通过它的反馈结果来提高效率，实现教学目标。

三、物理课后活动中锻炼创新思维能力

为了培养具备物理创新思维能力的人才，必须高度重视其实践动手能力的培养。通过让学生亲身参与并付出努力，他们在实践过程中所积累的经验和方法将更为深刻和持久。物理课外活动，作为课堂学习的延伸和补充，经过理、化、生

教研组的精心策划与组织，遵循由易到难的渐进原则，其内容紧密贴合生活与科技，旨在为学生提供更广阔的实践平台，从而进一步巩固和拓展其物理知识，提升创新思维能力。课外活动要求学校可以为学生提供了理论知识的学习、实验的操作机会，让学生可以从各个层面根据自己的兴趣选择活动，在实践过程中发挥思维的能动性，创造科技作品、小发明等。通过课外活动可以使学生在亲身体验的同时不仅能从各领域丰富自己的知识层面，为之后的学习打下稳固的根基，还可以运用知识激发探索未知的积极性，锻炼物理创新思维能力。

第五章 有效设计视角下的物理教学

第一节 物理教学设计及其内容构建

一、物理教学设计的认知

(一) 教学设计理论与方法

教学设计理论与方法在教育领域中占据着举足轻重的地位，它是教育实践的基础和核心。在教学设计领域中，肯普模型以其独特的"四个要素、三个问题、十个环节"，为教学设计提供了系统的理论框架和实践指导。

"四个要素"是教学设计的基础，它们分别是教学目标、教学对象、教学资源和教学评价。教学目标是教学活动的出发点和归宿，是整个教学设计的灵魂。教学对象是教学活动的参与者，对教学对象的分析是教学设计的关键环节。教学资源是教学活动的重要支撑，包括教材、设备、环境等。教学评价是教学活动的反馈机制，对教学效果进行评估和反思。

"三个问题"是教学设计的核心，它们分别是学生要学到什么、如何组织教学以及如何检查和评定教学效果，这些问题贯穿于整个教学过程，是教学设计的核心内容。

"十个环节"是对教学过程的详细分解，每个环节都是教学设计的重要组成部分，这些环节包括确定学习需要和学习目的、选择课题与任务、分析学习者特征、分析学科内容、阐明教学目标、实施教学活动、利用教学资源、提供辅助性服务、进行教学评价和预测学生的准备情况。

在现代信息技术环境下，基于教育技术的教学设计成为一种新的趋势，它将现代信息技术融入教学设计中，使教学设计更加程式化和多样化，这种教学设计不仅包括教学内容和形式，还包括教学媒体的设计，是对教学活动的全方位整体设计。

现代物理教学的本质在于促进学生的发展，因此物理教学设计应体现这一本质要求，注重学生科学素质的培养。在教学设计实践中，物理教师应基于物理教学的实质，围绕学生的发展，充分发挥自身的教学智慧，进行教学活动的开展。同时，教师还需要加强对各种教学资源的选择与合理配置，实现对资源的综合利用，促使教学资源功能达到最大化发挥。

教学设计还体现在教师对教材和教学内容的有效整合，使教学内容与教材保持高度统一，并尽可能最大化延伸，丰富学生知识，开阔其视野。教师应通过对教学过程的整体把握，进行规划与设计，在教学中始终围绕学生，关注其知识的掌握情况，不断进行知识结构的完善，并注重片段式教学设计，以逐步实现设计的整体优化。

在这一过程中，教师必须以现代教育理念为指导，结合学生的认知规律，有针对性地选择教材和媒体，通过灵活多样的形式，为学生创造生动而丰富的教学情境，让学生在轻松、愉悦的教学氛围中自由地组织学习或开展小组活动，实现自主学习能力的建构，达到主动获取知识、应用知识、解决问题的目的。

（二）物理教学设计的理念与意义

1. 物理教学设计的理念

物理教学设计的理念是教育理念在物理教学领域的具体体现，它是物理教学活动的指导思想和基本原则。在现代教育背景下，物理教学设计的理念应包括以下方面：

（1）物理教学设计应确立学生为中心的教育思想。这意味着教学活动应以学生的需求和发展为出发点，关注学生的个体差异，充分调动学生的积极性、主动性和创造性，促进学生全面发展。

（2）物理教学设计应注重学科文化的价值。物理学科具有悠久的历史和丰富的文化积淀，教学设计应关注物理学的基本概念、原理和方法，让学生在学习过程中感受物理学科的魅力，提升学科素养。

（3）物理教学设计应强化方法引导。在教学过程中，教师应注重物理学科发展过程中的科学方法，引导学生掌握科学探究的基本方法，培养学生的科学思维能力。

（4）物理教学设计应从联系发展的辩证唯物主义观点出发，注重学科间的联系与深化。教师应引导学生发现物理知识与生活实际的联系，挖掘物理学科的教育意义，提高学生的实践能力。

（5）物理教学设计还应注重对学生物理科学精神的培养。教师应帮助学生树立求实、创新的价值观，培养学生的科学态度和科学精神。

（6）物理教学设计应注重合作、探究精神的养成。教师应创造良好的教学氛围，鼓励学生之间的合作与交流，培养学生的团队协作能力和探究精神。

（7）物理教学设计还应注重教学模式的创新。教师应不断尝试和探索新的教学方法，丰富和完善教学模式，提高教学效果。

（8）物理教学设计应构建科学的评价体系。教师应关注学生的全面发展，建立多元化、全过程的评价体系，激发学生学习物理的热情。

2. 物理教学设计的意义

物理教学设计的意义在于确保教学活动的高效性和目的性，它是物理教学过程中的关键环节。物理教学设计的重要性主要体现在以下方面：

（1）物理教学设计有助于将教学理论与实践相结合。教学理论探讨教学机制和研究教学系统的构成，而教学设计作为桥梁学科，能够将教学理论应用于实际教学实践中。通过教学设计，教师可以将现有的教学理论和研究成果应用于具体的教学活动中；同时，教师的教学经验也可以通过教学设计升华为科学理论，从而丰富和完善教学理论。

（2）物理教学设计有助于推动教学工作的科学化，促进教师的专业化发展。传统的教学备课方式主要依赖教师个人的经验和主观意向，缺乏科学依据和理论指导。而物理教学设计则能够为教师提供系统的理论指导，使教学活动更具目的性和科学性。教师不仅知道如何进行教学，还清楚这样做的原因和目的，从而能够将教学活动建立在系统方法的基础之上，使教学目标的确定、教学过程的安排和教学策略的选择有理有据。

（3）物理教学设计有助于教育组织及其相关力量的协作。教师作为教学设计的实践者，需要与教学设计理论研究者、专业的教学设计者进行充分的对话和互动，以获得指导和支持。同时，物理教学设计也能够整合教师、教育管理者、教学资源开发者、学生及社区人士等多方力量，促进协作，共同实现教学目标。

（4）物理教学设计有助于扩大教学设计实践的主体。教学设计的理论和方法最终应用于各个学科，物理教师成为自己教学的设计者和开发者，是提高教学质量和实施新课程的关键。学习和研究教学设计，可以使更多的物理教师参与教学设计实践活动，掌握有效的教学设计理论和技术，成为学科教学设计的专家。

（三）物理教学设计的特点与原则

1. 物理教学设计的特点

设计是开展基础工作的前提。不同行业设计的目的和形式是各不相同的。以教学设计和工业设计为例，工业设计是为具体的操作提供蓝本，形式较为固定，简单复制即可。而由于教学活动所涉及的要素较为复杂，尤其是作为教育对象的人，主观性变化较大，而且教学过程中，也难免出现许多突发状况。因此，教学设计较工业设计而言，其变化性较大，教学设计只能为教学活动提供参考，而不能复制。由此，可归纳出教学设计的一般性特征。

（1）超前性。由于教学设计产生在教学操作之前，是为教学活动所进行的准备工作，因而，超前性是教学设计的一大特点，它能够为教学活动提供蓝本，尽管往往课堂教学的实际过程与教学设计有出入，但从总体上来看，课堂教学活动都是围绕教学设计而展开的，没有脱离教学设计的基本方向。

（2）预演性。一般而言，设计都体现的都是未实现未发生的事物或现象。教学设计也是如此，它是对教学活动的构思，是一种预期的设计理念，因而，教学设计具有预演性。是对未发生的教学工作的一种想象。物理教学设计，是物理教师教学智慧的展示，是教师通过思维活动的加工，在头脑中呈现将要进行的教学活动的一系列过程，如同文艺演出脚本具有预演性。

（3）动态性。教学设计是一项在人的主观意识指导下的活动，它依据教育理念进行，并随着教学活动的进行而不断调整。由于课堂教学活动中存在大量不确定性因素，导致教学实际与预先设计之间可能存在偏差。因此，教师在实施教学设计方案时，须根据具体情况灵活调整，以完善教学设计。由此可见，教学设计并非一成不变，而是随着教学活动的进展而动态生成，具有显著的动态性特征。

传统的备课与教学设计，虽然都是为将要进行的教学活动服务，但二者既有联系也有区别。备课与教学设计，都是为教学活动的开展所做的前期准备，无论备课还是教学设计，都是在一定的教学理念的指导下进行的，围绕相应的教学目标组织教学程序。在结构上，二者都包括教学目标、任务，教学内容、教学过程及教学评价，都涉及学生、教学和教法三要素。

传统的备课与教学设计是不同时期的产物，基于时代的不同，二者的区别具体表现为三个方面。首先，虽然都以一定的教学理念为指导，但二者所秉承的教育理念是不同的。传统的备课以学科为本位，往往以教师为中心，为教学活动做准备。而现代教学设计，坚持学生本位的理念，围绕学生的发展进行教学活动的设计，教师是教学活动的组织者和指导者，教学设计的目的在于激发学生参与课堂的积极性。其次，教学资源不同。传统备课由于教学条件的限制，主要是对教材内容和实验器材的描述与利用。时代的发展与进步，为现代教学提供了更多的技术与条件。因而，现代教学设计可利用的资源更加丰富，除了传统的资源外，还增加了计算机多媒体课件、网络教学资源等，使教学设计更加灵活而生动。最后，不同之处还体现在教学的评价方面。传统备课所呈现的教学评价机制主要考查学生对知识的掌握情况，是一种机械式的评价模式；而建立在现代教育理念基础上的教学评价，主要围绕基于学生发展的三维目标，评价形式更加多样、评价内容更加全面，更有利于促进学生的全面发展。

2. 物理教学设计的原则

物理教学设计的原则是确保教学活动有效性和目的性的重要指导方针。以下对物理教学设计原则进行探讨。

（1）物理教学设计应坚持以学生为中心的原则。素质教育的核心在于提高学生的整体素质，重点关注学生的个性化发展。教师在教学过程中应扮演引导学生、激发学生潜能的角色，针对不同学生的性格、环境等特点，精心设计教学活动，以促进学生的自主学习、合作学习和探究学习，从而最大化教学成果。教师应培养学生的兴趣，提高学生的质疑能力，并通过运用所学知识解决问题，实现理论与实践的紧密结合，践行知行合一的教育理念。此外，利用网络技术，教师可以与学生进行实时交流，解答学生的疑惑，从而提高学生的自主学习能力。

（2）物理教学设计应坚持理论指导实践的原则。教学实践需要有坚实的理论基础作为支撑，否则实践将变得盲目无序。物理教学设计应借鉴建构主义、人本主义、混合学习和多元智能理论等教学理念，遵循这些理论的指导，可以使物理课堂教学建设符合客观发展规律，有效提升学生的学习积极性、探究能力和创新能力。同时，教师应充分利用现代信息技术，如网络、大数据和云计算等，获取教学资源和进行学习分析，以营造良好的学习氛围，激发学生的思考潜力和学习动力，培养学生自主学习的习惯，最终实现学生对知识的内化。

（3）物理教学设计应注重学习全过程的反馈与评价。教学活动是一个动态的过程，需要通过不断的反馈和评价来指导和调整。借助现代信息技术，如大数据和云计算等，可以实时分析学生的学习情况，对学生进行学习分析，从而促进学习过程的发展。通过评价机制，教师可以及时反馈学生的错误类型、思维水平和作业情况，使学生能够及时纠正错误，激发学生自我提高和主动学习的积极性。

综上所述，物理教学设计的原则包括坚持以学生为中心、理论指导实践和注重学习全过程的反馈与评价，这些原则为物理教学设计提供了指导，有助于提高教学效果，促进学生的全面发展。教师在教学实践中应遵循这些原则，不断探索和创新教学方法，以适应不断变化的教育环境和学生需求，为教育事业做出更大的贡献。

（四）物理教学设计的过程与模式

1. 物理教学设计的过程

教学设计是教学活动开展的关键，物理教学设计对于物理教学活动的有序开展，以及教学效果的提升都有着极大的影响。因而，对物理教学设计的研究极为必要。根据物理教学设计理念及物理学科的特点，物理教学设计可从以下方面来把握：

（1）物理教学思路设计。教学思路，简单而言即教学的构思与设想；具体而言，是在教育理念的引导下，遵循一定的教学目标，把教材呈现方式、教与学的活动方式、教学程序安排、教学传媒运用等进行综合考虑并做出总体策划的一个活动框架。物理教学思路设计是学科教师基于一定的课程理念及教学规律，在明确教学目标后，所进行的教学程序的安排。例如，在物理教学中，对某一物理规律的教学设计，先要明确该课时教学的弥补，即培养学生交流与合作能力。教学的思路为以小组合作学习为主线，创设教学情境→提出问题→猜测、假设尝试→设计实验、验证设想→分析与论证→评估→合作与交流。教学思路的设计是教学设计的初步构思，是教学方案的纲要设计，需要在教学活动设计中不断充实和完善，并在实践中不断做出调整。

（2）物理教学活动设计。物理教学的活动设计是教学过程的具体化。一般而言，是围绕教学目标展开的具体实践。具体而言，是对教学过程中师生双方活动的系统筹划。活动设计需要考虑的内容包括：其一，通过对学生及学情的分析，立足于师生需求，确定教学目标；其二，基于教材及课程的分析与把握，提高活动设计的针对性与科学性；其三，围绕教学目标，分析影响教学目标实现的诸要素及其内容；其四，合理安排教学内容、教学策略与方法的选择、教学媒体的运用与课时分配；其五，基于目标完成情况的评价设计。以上设计活动，都是以一定的教学目标为基础，如何将这些程序有效组织起来形成一种总体的构想，是教学活动设计在操作上须解决的问题，是对教学思路设计的具体化，保证了教学设计的方向。物理教学活动的设计，其形式的灵活多样的，并不拘泥于一种。因而在物理教学实践中，教师可根据教学习惯及学生情况采取不同的设计策略。

物理教学活动设计是教学设计的关键，科学高效的教学活动设计，对教师的能力及素质都提出了更高的要求，在进行教学活动设计时，物理教师必须对物理知识体系有一个整体的认知。与此同时，教学思路要清晰，在设计教学活动时，需要充分发挥教学智慧，赋予教学活动新颖性，做到最大限度地吸引学生学习的积极性。

（3）物理教学心理模拟。物理教学的心理模拟阶段是对前两个阶段的设计所进行的可行性验证的过程，是教师本人对方案可行性的反思和心理自证。物理教学的心理模拟阶段主要以教师的心理活动为主，以想象的学生为对象，以内部语言和表象为主要活动形式，用逻辑推理的方法对物理教学活动进行模拟预演。通过心理预演和推敲，对设计方案进行不断的修改和完善，以便在课堂教学中做到有条不紊。

2. 物理教学设计的模式

（1）教学设计肯普模式与过程模式。

第一，教学设计肯普模式。教学设计肯普模式由美国新泽西州立大学教授肯普提出，其主要特点在它的设计步骤是非直线型的，设计者根据教学的实际需要，可以从整个设计过程中的任何一个步骤开始，向前或向后来设计教学。教学设计肯普模式的主要步骤包括：①确定教学目的和课题，主要研究和确定在教学中想要达到的目的、要完成的教学任务；②分析学生的学习特点，主要分析学生的知识、能力水平，研究他们的学习兴趣和需求等；③确定学习目标，根据教学课题和学生的特点，从知识、能力和态度等方面研究并确定学习目标；④确定学习主题内容，主要是根据学习目标选择并组织学习主题内容，如选择所学的事实、概念、原理等材料；⑤预估学生学习，根据学习目标和学习内容及学生的已有学习准备状况，如已有的知识经验水平和学习能力等，预测学生学习的情况，以便对教学策略和教学方案做必要的修改调整；⑥构思教学活动，选用教学资源，主要是确定完成教学目标最合适的教学活动教学方法和教学资源；⑦提供辅助服务及计划时间，主要是为帮助学生有效学习，教师要提供的指导方式、规划教学时间等；⑧评价方案，主要是通过对学生学习的评价来修正教学方案，这一模式的基本特点是灵活、实用，教学设计人员可以根据教学情境的需要有侧重地设计教学方案。

第二，教学设计过程模式。教学设计过程模式的内容主要包括前期分析、教学目标的阐明和评价试题的编制、教学策略的制定、教学设计方案的编制、系统教学设计的形成性评价修改教学设计方案等步骤。

在教学设计过程模式中，通过前期分析（包括学习需要分析、学习任务分析、学习者分析、学习背景分析）可以使教师有的放矢地阐明教学目标、制定教学策略、选择教学媒体设计教学方案、实施教学设计评价，科学地完成教学设计。教学目标的阐明是制定教学策略和实施教学设计评价的依据。上述各部分互相联系、互相制约，组成一个非线性的、有机的教学设计系统。

教学设计各部分之间的关系为：前期分析是教学设计的基础，强调教学设计过程要建立在对学习需要、教学对象、教学内容等方面充分而准确的分析基础上；教学设计的关键任务就是首先要对学习目标进行设计，进而对有助于实现学习目标的教学策略进行设计，对学习活动需要的教学媒体进行选择和设计；为了保证整个教学设计的有效性，教学设计过程中必须随时通过教学评价来进行调控修正，以使教学设计的最终成果符合设计目标的要求。

（2）物理教学设计的"四要素"模式。物理教学设计的"四要素"模式的提出，主要是由于：第一，目前已有的教学设计过程的理论、模式有许多种，它们在一些问题上存在着不同，但有一点是相似或一致的，那就是人们较普遍地将分析教学需求、制定教学目标、选择教学策略、开展教学评价等看作教学设计过程的四个基本环节。换言之，教学设计主要是在对需求、目标、策略、评价这四个基本要素之间的相互联系和相互制约进行分析的基础上完成的。第二，教学设计要考虑的因素非常多，使教学设计看起来较为复杂。而教学设计模式则要以最简要的形式把教学设计的实质和内容反映出来，使教师对教学设计的过程易于理解和把握，也有助于指导教师的教学设计和实践活动。因此，教学设计应当反映教学要素及其内在联系并满足简明可操作性的要求。

物理教学设计的"四要素"模式中，主要包括四个基本要素：教学需求分析、教学目标确定、教学策略选择和教学评价设计。而评价、修订与完善设计的活动是贯穿教学设计全过程之中的。

　　教学需求分析主要是指"前提分析"。前期分析是在教学设计过程开始的时候，分析若干直接影响教学设计的前提性的问题，这些问题主要是指学习需要、学生特征、学习任务学习背景。需要思考与解决的问题是"学生的学习需要是什么""学生与有关学习内容的已有知识、能力水平如何""为什么教学是必要的""怎样的教学才能解决学生需求的问题"等等。

　　教学目标确定是确定经过教学后要求学习者在知识与技能、过程与方法、情感态度与价值观等方面的最终行为变化。需要思考与解决的问题是"根据教学需求的分析，学生在教学完成后应当达到的学习成果有哪些""这些学习成果从知识、能力、态度不同层次怎样来描述""怎么样来确定有统一性的基本要求的，又要体现有差异性的弹性目标"等等。

　　教学策略选择是在教学目标确定以后，根据已定的教学任务和学生的特征，有针对性地选择与组合相关的教学内容、教学组织形式、教学方法和技术，形成的具有效率意义的特定的教学方案。需要思考与解决的问题是"什么是最有效的教学组织形式""能让学生最有效学习的方式和方法有哪些""采用怎样的教学活动来最有效地达到教学目标和满足学生的学习需求"等等。

　　教学评价设计是在教学活动的设计中安排一定的教学测量与评价活动，以检验学生在知识与技能、过程与方法、情感态度与价值观方面的行为变化。需要思考与解决的问题是"如何知道学生在教学中或教学后达到了预期的教学目标""要知道学生达到教学目标的程度，采用怎样的方式和方法来测量和评价""要让教学评价发挥促进学生有效学习和学生发展的作用，用怎样方式和方法来进行评价"等等。

　　评价、修订与完善它是指对教学设计过程的"需求分析""目标确定""策略选择""评价设计"的各种初拟的方案进行评价，根据评价中或在教学设计的过程中出现和发现的问题，对教学设计方案进行修改完善。根据需要，也可以把设计方案付诸小范围的试验！根据试验反馈的信息修改、完善设计方案。

二、物理教学设计的内容构建

(一) 物理教学设计的基本内容

　　物理教学设计是指在教学活动之前，教师根据课程标准、学生特点和教学资源等因素，对物理教学过程进行系统规划和设计的活动。其基本内容包括以下方面。

1. 物理教学目标设计

物理教学目标对教学活动的有序开展指明了方向，对教学活动顺利开展发挥着重要的指导意义。对教学目标的设计，必须结合课时教学内容和学情的分析。在此基础上，对学生所要达到的学习效果进行科学的定位，并以具体、明确的物理专业术语表述出来。科学、完整、规范的教学目标应包含：第一，明确的行为对象，教学设计中的行为对象一般为学习的主体，即学习者；第二，规范的行为动词，教学目标设计中的所使用的表达学习目标的行为动词要具体，尽可能具有操作性；第三，行为条件，影响学习结果的特定限制和范围；第四，行为程度，教学所要达到的最低标准和水平。

（1）教学目标设计的原则。明确的教学目标能够确保教学活动沿着既定的方向有序进行，并对学生的学习方向进行有效的指导。目标既是教学的出发点也是归宿。教学目标的设计必须明确和有效。物理教学目标的科学性和有效性，对于教学活动的开展有着重要的指导意义。因而，对于教学目标的确立需要慎重，在操作中需要遵循以下原则：

第一，以学生为中心。学生是教学活动的主要参与者，因此，任何教学活动都要以学生为中心，围绕学生展开。教师要全面了解学生的特点、兴趣爱好等，这样才能做到教学的有的放矢，提高教学的效果。教学目标是教学的前提，只有明确的目标，才能使教学活动科学而有意义。课堂教学目标要适应学生的年龄、个性、真实兴趣、认知规律等心理因素，要基于学生目前的经验、知识和能力水平与发展方向、教学环境条件等教育因素。换言之，合理目标原则必须与学生为中心原则相结合。

第二，可评价原则。在教学实践中，教学目标的功能在于为教学活动提供明确的指导，确保教学活动有序进行，使教师的教学和学生的学习都能够有明确的方向。为了确保教学目标的这一功能，其陈述应当具备明确性和具体性，能够被有效观察和测量，避免使用模糊和不切实际的语言。教师需要掌握目标陈述的相关理论和技术，以便将教学目标具体化。在教学活动完成后，为了对学生的学习效果进行评价，了解学生对知识的掌握程度，教师需要围绕教学目标来考查学生是否能够在实践中充分运用所学知识。如果教学目标设计得越具体、可操作性越强，教师在教学结束后就能够更准确地评估学生完成的程度，从而有针对性地进行查漏补缺，完善知识结构。

第三，分层原则。以学生为中心的教学要求在设计教学目标时遵循分层原则。由于学生个体之间存在差异性，这种差异性不仅体现在性格、思维上，还体现在知识储备、对知识的理解与接受能力等方面。因此，在制定教学目标时，需要根据学生的实际情况进行科学、合理的层次划分。物理教学目标的设置应当具体明确、针对性较强，便于因材施教地实施；同时，还应具备较强的操作性，能够及时对学生的学习情况进行有效反馈。

第四，符合课程标准。课程标准是为了确保教学达到总目标而设计的教学通用标准。课堂教学目标的设置应当在课程标准的范围内，依据课程标准和教材来确定，既不应过高也不应过低，要符合实际情况，同时也需要符合课程标准的评价标准。在我国，考试成绩通常是教学评价的主要指标，因此，课程目标的设计也应考虑评价目标是否符合课程标准的理念和要求。

第五，具有全面性。目标的设定要全面，要以提高学生的综合素质与能力，并在综合考虑各项要素的基础上制定。课堂教学目标要包括不同学习领域全面发展的目标，如认知、情感、能力等领域的目标，要符合语言素质与综合素质共同发展的要求。

第六，具有阶段性。教学任务的完成一蹴而就的，需要分阶段、分步骤一步步完成。因而，教学目标的制定要符合阶段性特征。在具体的设计中，要根据教学内容，将目标分为课时目标、单元目标、学期目标等，在完成细化目标的基础上，实现整体目标。总而言之，一个课时的课堂教学只需要完成一个课时的教学目标。

（2）教学目标设计的落实。教学目标的确定是基础，而目标的落实是关键。为确保教学目标落实的有效性，可围绕以下方面展开：

第一，构建和谐的教学环境。首先，教学角色的准确定位，教师要树立学生的主体地位，而使自己成为学生学习的合作者与引导者，与学生形成亦师亦友的和谐师生关系。良好的教学环境应该体现在师生和谐平等的关系中，教师尊重学生人格，给予学生关怀。这样的教学环境，有助于激发学生物理学习的热情，树立学好物理的自信心。其次，和谐教学环境的形成，还需要师生发挥共同的作用。以核心素养为导向的物理教学，需要在以学生为基础的前提下，发挥教师的创造性及引导作用。在学生遇到问题时，及时地给予帮助和指导，通过科学的方法融入学生对问题的探究，共同致力于问题的分析与解决。应该避免对学生的过于放任，研究表明，教师适时的帮助和指导，可以缓解学生在学习中的无助心理，更有助于学生探究能力的发挥。

第二，精心设计教学环节。在物理教学实践中，精心设计教学环节是提高教学效果的关键。以下探讨精心设计教学的环节。

一是教师需要对教学过程进行整体上的把握，并对构成教学活动的相关环节进行科学、合理的设计，尤其应凸显细节，确保教学环节具体可行。根据课程内容和教学需要，可以设置3~4个环节。各环节之间需要联系紧密，不能割裂开来。

二是教师应立足于物理知识同生活实际的联系，进而落实物理教学目标。将物理知识用于解决生活中的现象或问题，有助于推动物理教学的开展。从生活中的物理现象出发，获得对物理知识的感知与升华，进而将知识延伸至其他领域，构架生活化的教学场景，更有助于学生学习动机的激发。在教学结束之后，需要检验他们对知识的掌握程度，能否达到知识与运用的灵活性。

三是在教学环节的设计中，还可以融入一些必备的教学辅助手段或工具。例如，进行摩擦力的教学设计时，可以借助课桌椅，作为教学的辅助工作。先让一个学生坐在椅子上，另一个学生去推，观察结果；然后让同一个学生去推空的椅子，再观察结果。最后通过两次对力的感受的比较，得出结论。通过学生身边的小实验，不仅能够激发学生的思考，进而加深学生对知识的理解，还能够引起学生的兴趣，让学生在轻松愉快的实践的过程中掌握摩擦力的相关知识。

四是充分发挥实验的作用。物理是一门科学较强的学科，而检验科学性最有效的方法便是进行实验。实验能够加深对知识形成过程的理解，因而，有助于知识的理解和掌握。因此，在进行教学设计时，要重视实验的地位和作用，合理地融入实验环节。通过实验达到锻炼学生实验操作及思维能力的目的，培养科学、严谨的实验精神，进而促进自主学习的积极性。

五是明确教学中学生的主体地位，教学活动的设计始终以学生为中心。必要时可进行角色的互换，以更好地从学生的视觉出发，有针对性地采取相关措施，引导学生融入教学，并主动地就某一问题，展开探究性讨论，最后得出结论。

六是注重思维能力的培养是物理教学的重要目标之一。物理学科对思维能力要求极高，基于核心素养的物理学科教学设计，更应该体现思维创新的要求，促进学生思维的扩展。在知识的传授中，要善于启发学生思考，并引入生活化的教学情境，让学生在知识与学科前沿的成果用于生活的事件之间建立联系，从而加深对学科知识的认识。

2. 物理教学任务设计

物理教学任务是教学活动的核心内容，它涵盖单元任务和课时任务两个方面。课时教学任务主要关注每节课中物理知识在整体知识体系中的地位，以及对知识、方法和能力结构的深入分析。这要求我们在分析每课时的教学内容时，不仅要理解其知识结构，还要深入探究学习这些知识所需的认知过程和科学方法，从而确定如何有效提升学生的能力。此外，我们还需要评估这些教学内容对学生能力发展的积极影响，并考虑在促进学生全面发展和素养提升方面，还应加强哪些内容、技能和态度的培养，这是基于对学生学习广度和深度的全面考量。

在设计教学任务时，教学目标是我们的重要依据。因此，在分析教学任务时，我们必须紧密结合教学目标，特别是三维目标的要求，深入剖析学生需要掌握的知识和技能，以及他们应达到的学习程度，以确保教学目标的顺利实现。

3. 物理教学对象分析

在物理学教学过程中，对教学对象的深入分析是确保教学活动有效性的关键。教学对象，即学生，是教学设计中的核心要素。为了开展有针对性的教学活动，教师需要全面了解学生的生理和心理变化，掌握他们的认知结构特点、知识储备和学习状态。对教学对象的分析主要包括以下方面：

（1）教师需要对学生在学习新知识时的基本状态进行分析，包括他们的前认知水平、知识结构、技能基础及能力等方面，这有助于教师了解学生在学习新知识时的起点和难点，从而设计出更加符合学生实际需要的教学方案。

（2）教师需要分析学生对所学知识的认知情况，如他们的生活环境、生活经验及前概念等，这些因素都会影响学生对物理知识的理解和接受程度。因此，教师需要充分考虑这些因素，以便更好地引导学生建立起正确的物理概念。

（3）教师需要对学生存在的问题进行分析，如具体知识点或者某一概念或技能等。通过识别和理解这些问题的本质，教师可以采取更有针对性的教学策略，帮助学生克服困难，提高学习效果。

在物理教学过程中，教师需要设身处地地站在学生的角度考虑问题，分析他们的优势与不足，尤其是所欠缺的思维和能力，并据此采取因材施教的教学策略，培养和升华学生的核心素养。

此外，物理教学活动的有效性，取决于教学对象，即学生。现代教育强调学生的主体性，因而在教学设计中，对教学对象的分析是教学设计的基础。必须从学生的实际出发，充分认识和了解学生。对物理教学对象的分析，即分析学生的基本情况，了解学生原有知识结构的特点、能力水平，学习态度及学习心理等。只有通过对教学对象的准确分析，才能提高教学设计的针对性及有效性，从而确保教学活动的顺利进行，并促进教学效果的提升。

4. 物理教学媒体选择

计算机网络与信息技术的发展，为现代物理教学创造了条件，教学媒体在物理教学中发挥着重要的作用。通过教学媒体，能够将抽象的物理概念、定律等通过形象化、具体化的动画形式呈现出来，便于学生对抽象概念的理解。此外，物理中一些复杂的、相对危险的实验，无法在课堂上直观展示的实验，可以借助多媒体直观地在课堂上呈现，从而突破教学难点，降低学生对物理理论知识理解的难度。此外，利用多媒体音频、视频材料，进行物理教学的情境设计，丰富了教学内容、活跃了课堂氛围，不仅增添了物理学习的趣味性，还能够激发学生的好奇心，提高学生物理学习的积极性。

此外，多媒体在物理教学中的运用，还能够对教材内容进行延伸，通过呈现信息量较多的教学内容，达到知识的扩展，开阔学生的视野，提高教学的有效性。教学媒体的形式及种类是多样的，包括语言媒体、文字媒体、图标媒体、幻灯片媒体、影视媒体、计算机多媒体系统等，在进行物理教学设计时，要合理地选择与利用。需要注意的是，教学媒体的运用并不是越多越好，教学实践中，要根据教学需要，科学选择，做到适度。

5. 物理教学策略设计

教学策略设计是为完成一定的教学任务和目标而制订的教学程序计划和采取的相应措施。具体到物理教学，其教学策略设计是在物理教学目标确定之后，根据课时教学任务和学生的认知特征及情感需求，有针对地选择物理教学资源、教学手段，科学、合理地组织教学程序及教学时间安排，以保证物理教学的有效性所形成的教学方案。教学策略设计的意义在于构建基于教师"教"与学生"学"之间的有效梁桥，实现教与学的有序转化。此外，教学策略设计是一门至关重要的学问，它涉及教学活动的安排、教学方法的选择、教学组织形式的选择以及教学时间的安排等多个方面。在物理教学中，如何科学、合理地设计教学策略，是每位物理教师需要深入思考和探索的问题。

（1）教学活动的安排是教学策略设计的核心。在物理教学中，应将学生置于教学的中心地位，以他们的兴趣和需求为出发点，设计具有开放性和新颖性的教学活动。例如，可以设计一些探究性的实验项目，让学生在实践中发现问题、解决问题，从而培养他们的科学探究能力。此外，还可以利用信息技术手段，如多媒体教学、网络教学等，为学生提供更加丰富多彩的学习资源和学习方式。

（2）教学方法的选择也是至关重要的。在物理教学中，应注重因材施教，根据学生的个性特点和学习需求，选择最适合他们的教学方法。例如，对于基础较差的学生，可以采用启发式教学，通过引导他们思考和探索，激发他们的学习兴趣和动力；对于基础较好的学生，可以采用探究式教学，让他们在自主探究中提高分析问题和解决问题的能力。

（3）教学组织形式的选择也是教学策略设计的重要一环。在物理教学中，应丰富和多样化教学组织形式，以激发学生的学习自主性，为合作探究创造条件。例如，可以采用小组合作学习的形式，让学生在小组内相互交流、相互帮助，共同完成学习任务；同时，还可以开展课堂讨论、课堂演讲等活动，为学生提供更多的展示自我、锻炼能力的机会。

（4）教学时间的安排也是教学策略设计中不可忽视的一环。在物理教学中，应根据教学内容和教学目标，灵活、充裕地安排教学时间，做到张弛有度，突出重点。例如，在教授一些重要的物理概念和原理时，可以适当增加教学时间，让学生有充分的时间去理解和掌握；而在教授一些较为简单的知识点时，可以适当减少教学时间，以提高教学效率。

在物理教学策略的设计中，除了以上方面的考虑外，还应注重教学环节的设计、认识活动的设计以及教学组织形式的设计等多个方面。具体而言，就是要对教学内容进行整体把握，按照知识、技能的相对完整性将其分为相应的教学环节；同时，还需要依据教学目标、学生原有认知结构以及认识材料的特点来设计教学过程中的认识活动；最后，还要根据不同的教学内容和教学目标选择最适合的教学组织形式。

6. 物理教学评价设计

评价是教学活动必不可少的环节，是教学设计的最后阶段，评价的作用在于对教学的总结与反馈，是衡量课堂教学效果的必要手段。通过评价，能够直观反映出某一阶段教师的教与学生学的基本情况。物理教学评价，建立在以学生为中心的基础上，依据一定的标准和指标体系，通过一定的方法和手段，对教学中的诸要素及师生的情况进行评判与总结，得出反馈信息，并将反馈信息用于指导教学活动的改进。评价的真实性和有效性，对教师的教和学生的学有着最为直接的影响。

（二）物理习题课的教学设计

物理习题的设置，是对教学的巩固，其作用在于加深学生对知识的记忆，让学生在练习中巩固所学。物理习题课的实施，涉及诸多方面，如习题案的设计、批改与分析，课堂设计、课后小结等。物理习题课的设计，应注意以下方面：

1. 循序渐进

教育是长期的过程，一蹴而就的教育是不存在的，物理学习更是如此。学习没有捷径，唯有持之以恒、循序渐进，学习是在"反复强化"中不断积累的过程。对于习题课的设计，也应该在习题案的设计中遵循循序渐进的原则，切不可将习题"试题化"。要在点滴积累的过程中逐步强化练习。强化的程度不可过大，如对基础阶段的习题案的设计中，过多地融入高年级阶段的习题，甚至有的高考要求当作平时练习的要求，这也是不可取的，违背了学生的认知发展规律。因此，教师要立足于学生实际，在教学内容深度分析的基础上，科学、合理地控制难易度。

2. 检查适度

练习不仅能够巩固知识，还能够起到检验知识掌握情况的作用。因此练习在教学中是必不可少的。对于物理而言，抽象的概念和枯燥的定律，通过课时的教学，一般能够在学生头脑中形成潜在的意识，这时做适当的练习，有助于概念和定律的复习与巩固，使其在运用中有抽象转化为具体，便于学生的理解和掌握。与此同时，练习也能够锻炼学生对问题的思考和分析能力，也在潜移默化中促进学科核心素养的形成。例如，相似概念间的辨析、理想模型的迁移、多过程推理的能力、创新性实验的意识、严谨求实的科学态度等。

练习是学生学习过程中的重要环节，旨在巩固所学知识，锤炼基本技能，并渐进式地挖掘和激发学生更深层次的素养。然而，在实际教学中，部分教师过于聚焦于提升学生的解题能力，将其作为物理教学的核心目标，并过度强调通过大量的习题训练来提升解题能力，这种被部分教师推崇的"题海战术"，虽然在某种程度上能够帮助学生熟悉各类题型，降低考试时的陌生感，但过度依赖此种方法并不可取。因为高考题型变化多样，单纯依赖题海战术难以应对，且过度练习而忽视基础知识的积累与巩固，往往会导致考试失利。因此，练习虽重要，但应坚持适度原则，更关键的是掌握科学的学习方法，夯实基础知识，无论何种题型，掌握解题方法和技巧才是制胜的关键。

3. 优化精选

在学习压力的影响下，学生的学习普遍较为紧张，加之物理学习的时间有限，因此，在习题的选择设计上，物理教师必须做到精挑细选。既要结合学生的实际情况，考虑到能够兼顾不同能力层次水平的、具有代表性的经典习题；也要结合教学实际，做到重点突出，在一定程度上有助于对学生能力的培养，以及教学目标的实现。

4. 因材施教

在物理教学实践中，因材施教是一项重要的教学原则，它强调根据学生的个体差异来进行有针对性的教学。因材施教意味着在教学过程中，教师应以学生为中心，围绕学生展开教学活动。不同年级的学生具有不同的学习背景和能力水平，即使是同一年级或班级中，学生之间也存在差异性。因此，在制定教学目标时，教师需要考虑到学生个体差异性的存在，遵循层次性原则，对习题的设计与编排要有明确的侧重，体现因材施教的原则。

因材施教并非指总体上的分层教学，而是以班级为单位，针对班级内每个学生的差异，实行有针对性的教学，以促进所有学生在原有层次上的提升。在班级中，每个学生的学习能力、知识储备、学习习惯及态度等都各不相同。如果习题练习时没有考虑到学生的层次，每道题都强调综合运用，那么能力稍差的学生便会感到吃力，物理学习的信心被挫败，进而导致物理学习兴趣的消退，甚至产生抵触情绪，不利于物理教学效果的保证。而如果习题仅涉及基本的应用分析，能力较强的学生则会觉得缺乏挑战性，不利于激发更强的物理学习动机。尽管学生的情况复杂多变，习题的编制无法完全照顾到每个人，但教师应在整体把握的基础上，在分层教学的前提下进一步细化，尽可能地做到因材施教，照顾到层次上的差异。例如，提出"弹性作业"的概念，便是基于层次差异的原则，这种作业编制充分考虑到学生的差异性，其特色在于存在难易度的跨度，是多类题型的组合。

因材施教的教学策略要求教师在教学过程中密切关注学生的学习进展，了解他们的优点和不足，并根据学生的实际情况进行教学设计。教师可以通过观察学生的课堂表现、作业完成情况和考试成绩等途径，获取学生的学习信息，进而制订出适合学生的教学方案。此外，教师还可以利用个性化辅导来进一步实施因材施教。个性化辅导可以根据学生的需求和特点，提供有针对性的指导和支持。教师可以与学生进行一对一的沟通，了解他们的学习困难和需求，并提供相应的帮助和资源。这样，学生能够在教师的指导下得到更好的学习效果，提高他们的学习兴趣和自信心。

（三）物理的实验教学设计

1. 物理实验教学认知

物理学建立在一定的观察与实验的基础之上，实验是该学科的重要组成部分。物理实验是人们依据一定的实现目的，在相应的实验原理的指导下，借助仪器设备，通过科学实验程序和方法，在人为地对环境及条件进行控制的基础上，所进行的创造或纯化某种自然的物理过程。

物理实验包括电学实验、力学实验、热学实验、光学实验等。对于实验类型的划分，一般将实验分为课堂演示实验、分组实验、课外实验等。其中，根据教学目标的不同，还可以细分为验证性实验、探究型实验、技能训练型小实验等。验证性实验主要用于验证物理学中的定理定律，探究实验是为培养学生的探究能力及思维能力而设置的一类实验。实验是物理教学的重要组成，是物理学科的基础，更是物理学习的事实依据。学生在物理实验中探索和分析，一方面有助于提高自身逻辑能力；另一方面能锻炼和提高自己的实践操作能力、科学探索分析能力和创新能力。

（1）物理实验的地位。物理学是研究自然现象、研究科学规律的学科，物理学的发展离不开科学实验的支撑。实验也是物理探究性教学开展的有效形式。对于物理教学而言，实验既是物理教学的手段，也是物理教学内容的重要组成部分。基于物理实验的操作能力、观察能力、思维能力、分析归纳能力，以及解决问题的能力等，都是现代物理教学所要发展的学生的基本能力。

物理实验过程，包括对实验现象的观察、对实验程序的执行与操作，以及对实验结果的分析三方面的内容，这三个方面分别对应着观察、操作与思维三种能力，它们之间相互联系、彼此影响。观察体现在实验操作的过程中，而操作，主要体现完成和实践实验设计的过程中；思维体现在设计、观察与分析实验现象与结果之中。由此，可归纳出物理实验能力涉及观察能力、操作能力及思维能力，是三种能力的综合。而在这三种能力之中，操作能力是关键，处于核心地位。

物理实验操作的规范性和准确性是观察实验现象、体现思维过程的基础。作为物理教学的起点和物理学科体系的核心环节，这一阶段对学生科学实验态度和正确实验方法的培养至关重要。然而，当前部分物理教学中存在对实验教学重视不足的问题，部分教师过于侧重理论教学而忽视实验教学，导致实验教学成为物理教学的薄弱环节。在某些地区，教师甚至采取以讲解代替实际操作的方式。这违背了实验的操作性原则，与实验教学的要求严重不符。为了改善这一现状，确保教学大纲所规定的演示实验和学生分组实验得到有效落实，我们必须深化对实验教学价值的认识，转变观念，提升对实验教学的重视程度。

第一，强化实验教学是优化教学效果的基本手段。基于学生的特点，他们已具备从形象思维转向抽象思维的能力。虽然这一阶段，抽象逻辑思维得到了较为快速的发展，但形象思维仍然起着支持作用；与此同时，学生思维发展的特点表现在思维的独立性和批判性上，虽然有一定程度的发展，但在认识能力还有待提升，表现在认识的主观性和片面性方面，尤其以表现性的认识为主。

当前学生从生活、社会实践中获取感性思维的机会较少，只能通过学校的学习活动来获得主体参与的体验机会。这就需要教师更好地帮助学生把握这一机会。在课堂教学中，精心设计实验环节，充分发挥物理实验对眼、耳、口、手、脑综合锻炼的作用，鼓励学生积极参与，在实验观察与体验中，了解物理知识形成的过程，深化对物理知识的理解与运用。与此同时，通过实验操作，开阔学生的视野，增强创新意识。

参与实验的体验过程，还有助于加深对知识的记忆。从人的记忆规律来看，记忆是获得知识的基础，而记忆的获得与材料紧密相关。由此，足以证明体验的重要性。而实验就是最主要的体验形式。所以，在教学中加强实验内容尤为必要。

第二，强化实验教学是全面实施素质教育的关键。现代社会对人才的需求已发生了巨大的变化，其中，对于实践能力和合作精神的要求，是较为明显的两个方面。而对实验教学的强化，是培养实践能力的重要形式。以物理实验为基础的实践活动，为创造意识的形成提供了条件，成为体现创造性的载体。作为教育者，教师必须从培养学生全面发展的角度出发，围绕学生的主体设置明确的教学目标，发挥教师对学生的引导作用，调动学生参与实验活动的积极性，通过对实验过程的自主探究，培养学生科学严谨的实验态度，让学生在体验与感悟中，获得实验操作的技能，以及解决问题的方法，使物理知识"从学生中来，到学生中去"，让实验成为发展学生思维与品质的重要途径。

只有在具体的实验教学中，才能使学生在获取物理知识的同时，潜移默化地形成良好的科学素养。同样，只有加强实验教学，才能有机会培养出具有超强实践能力的学生，这是学生未来成长与发展，以及适应社会发展所必不可少的一种能力。在物理教学中，可从以下方面做到对实验教学的强化：

一是重视演示实验，提高课堂教育教学质量。演示实验在物理教育中具有重要地位，其形象真实、生动有趣的特性能够有效提升课堂教育教学的质量。通过直观展示，演示实验为学生构建了生动具体的物理场景，助力学生形成物理概念，理解物理规律，深化对知识的认知。同时，若缺乏直观体验，学生难以形成感性经验，这是物理思维形成的关键基石。因此，物理教师应致力于在教学过程中展示多样化的物理现象。单纯依赖教材大纲规定的演示实验是不足够的，教师还须深入挖掘并利用身边所有可用的资源，如教材文字、插图、习题等，均可作为实验演示的切入点。此外，演示实验的形式不必过于刻板。无论是"教师演示，学生观察"，还是"教师指导，学生参与演示"，抑或是"边学边演"等方式，均可根据实际情况进行灵活尝试，这些举措将有助于增强学生的实践能力和创新思维，进一步提高物理教学的效果。

二是充分利用教材中的小实验，训练学生的动手能力。教师要重视教材中的一系列小实验，不能忽视这些小实验的作用。而是实际的物理教学中，存在一些教师对于这类小实验视而不见，或将它们视为课外知识，认为其与考试无关，故而不需要花费时间。殊不知，这些小实验却往往具有取材容易、贴近生活、直观明了、便于操作的特点。之所以设计这些小实验，其出发点是巩固与之相应的课程内容，便于更为形象、直观地理解并掌握所学知识内容；与此同时，这些实验具有较强的趣味性，能够增强学生物理学习的兴趣，源于生活、用于生活的实验，更能够激发其学习的动机。此外，通过实验的操作，还能够锻炼学生的动手能力和思维能力。

三是实验室对学生开放，给学生创造更多的动手机会。学生的思维敏捷、充满求知欲，但同时，由于个体差异的存在，在兴趣爱好、知识能力、性格特点等方面都表现出因人而异的特点。在物理学习方面，主要表现为一些学生不满足于课堂演示的实验，他们有着更渴望自己动手，以满足其强烈的好奇心与操作的欲望；还有的学生想体验实验的过程，但畏惧失败。针对这些想实验或想独自实验的学生，实验室是不错的环境，既提供了实验的条件，给予学生施展能力的机会，又能够让害怕失败的学生得到锻炼。因而，学校实验室应该对学生开放，为对实验操作感兴趣的学生的动手能力及思维培养提供锻炼的平台；有条件的学校还可以成立科技兴趣小组，鼓励对实验感兴趣的学生自由参加，不仅能够强化实验操作程序，还能够充分激发学生的创造天赋及操作能力，极大地增强学习物理的兴趣。

（2）物理实验的资源。

第一，物理实验课程资源。物理实验课程资源是指一切可为物理实验教学提供辅助价值的资源的综合，包括物理实验知识、技能、方法、物理实验设计，对物理实验的态度情感、物理实验教师的素质、物理实验室的建设、物理实验仪器的配备情况、物理实验信息的储备等所有有助于实现课程目标、促进学生有个性地全面发展和教师专业成长的各种资源。要最大限度地开发并利用物理实验资源，必须对物理实验资源有一个全面而准确的了解。对物理实验资源的分类，是掌握物理资源的必要手段，也是开发和利用物理实验课程资源的保证。

一是素材性与条件性实验资源。物理实验资源按照其功能与特性，可划分为素材性与条件性两类。素材性实验资源，作为物理实验教学的直接素材与来源，能够直接作用于教学活动，成为学生学习与收获的重要对象。教材作为最基础的课程资源，其重要性不言而喻。物理教师应对教材有深入的认识，全面挖掘其价值，以最大限度地发挥其在教学中的作用。同时，教师亦须敏锐地发现并充分利用其他资源，如实验过程中产生的知识、技能、方法、情感、态度和价值观等成果，它们都是物理实验课程资源不可或缺的组成部分，并且这些资源更具鲜活性与细致性。对素材性实验课程资源的开发与利用，直接关系到物理教学的质量，因此，教师应给予足够的重视。

而条件性实验资源，则是指那些影响物理实验课程进行，但并非其直接来源或学生学习与收获对象的资源，它们主要为物理实验教学的顺利进行提供必要的条件，这些资源包括物理实验员、物理任课教师、物理实验室、实验仪器、实验设备以及时间等，这些资源的优劣直接关系到物理实验教学能否顺利进行，以及实验教学所能达到的水平。因此，对条件性实验资源的合理配置与有效利用亦不容忽视。

二是人力、物力与时间实验资源。按照资源构成要素来分，可将物理实验资源分为人力、物力及时间三种。首先，人力物力资源是所有与物理实验有直接或间接关系的人，如教师、学生、实验管理人员、物理教育专家等。在学校物理实验教学中，物理教师在人力实验资源中的影响是最为主要的，物理教师的实验态度、实验技能、经验等，会对学生形成重要的影响，因而是较为重要的人力实验资源。受应试教育的影响，教师和学生都主要扮演着知识传授者和被动接收者的角色，其各方面的能力都被抑制，导致双方在教学中的创造性被束缚，在教学互动中动态生成的课程资源被忽视。其次，物理实验资源如物理教科书及参考资料、物理实验室、物理实验仪器、学校图书馆、大自然、工厂、社会、物理实验信息化管理所需要的现代多媒体等。最后，时间实验资源是指可以提供给物理实验活动的时间。时间是极其有限和宝贵的课程资源，一般而言，必须保证相对稳定的物理实验时间，物理教师决不能存在重理论轻实践的思想，也不能为完成物理教学的基本任务而挤占有限的实验时间，或压缩实验时间。实验的过程，是集眼、耳、口、手、脑等于一体的综合性的活动，时间的不充分会影响到学生思维的发挥或是实验的完整性等，导致实验不到位、效果不理想。教师不仅不能削减用于实验的时间，还应该尽可能创造实验机会，让学生在充分的实验体验中，感悟知识、提升素养。

第二，物理实验资源开发。物理实验资源的开发利用对于提升实验教学水平和质量具有至关重要的作用。实验资源涵盖了实验所需的各种要素和必要条件，包括知识、技能、经验、方法、情感、态度和价值观等要素，以及时间、场地、媒体、设备、设施和环境等必要条件，这些资源的丰富程度和利用水平直接影响着物理实验教学的深度和广度。

作为物理教师，不仅要熟练掌握和利用现有的实验资源，还要具备开发和创造新实验资源的能力。实验室作为实验教学的主要场所，其仪器设备是实验教学的基本手段。因此，充分利用现有实验室资源，提高仪器设备的使用效率，最大限度地发挥其作用，是学校开展实验教学的基础和关键。为了实现这一目标，我们需要对实验资源进行系统的开发和管理，包括对现有资源的整合和优化，以及对新资源的探索和开发。同时，我们还需要加强对实验教学的研究和探索，不断地改进和创新实验教学方法和手段，以提高实验教学的质量和效果，这些努力将为培养具有创新精神和实践能力的人才奠定坚实的基础。

一是建立开放性实验室，提供学生自主实验平台。要大力研究并建立开放性实验室。开放性实验室是利用物理课程资源促进学生自主学习的重要途径，它要求在实验时间及实验内容上具有开放性，学生做实验不再拘泥于课堂实验教学的内容和时间，可以利用课余时间到实验室进行科学研究。

开放性实验室搭建了学生自主实验平台，让实验室的大门随时向学生敞开，为学生创造更多的实践机会，学生可以选择自己感兴趣的课题任意发挥，时间不设限，内容更丰富，让学生做实验更自由、更有乐趣。学生在开放性实验室的自主学习，不仅加强了学生的动手能力和实践水平，而且有利于促进和培养学生在自主学习、创新能力、个性特长、探究精神等方面的和谐发展。

学校和教师应根据课程标准的要求，安排足够的学生实验和演示实验，力求利用多年闲置的器材开发新的实验；充分地开发和利用实验室的丰富课程资源，尽快改变实验室的封闭式管理状态，实验室应该尽快向学生开放，鼓励学生主动做课外实验。

二是充实和充分利用实验室器材。实验室必须持续进行仪器设备的增加与更新工作。当前，众多学校面临着实验器材老化陈旧的问题，这严重制约了正常的教学进程。鉴于此，我们必须坚决淘汰那些残旧、过时的实验设备，并对未达到标准的实验室进行全面改造。同时，我们还须深入研究物理实验的新配置标准，并据此配置全新的实验仪器和器材，以确保教学质量的稳步提高。此外，要最大限度地利用实验室现有的器材开发新实验来充实实验室实验资源。要充分利用实验室现有的实验器材，提倡利用闲置的器材开发实验，利用身边的物品进行实验。要动脑筋、想办法，把闲置的仪器，或者因教材更换而取消的那些实验器材，以及损坏报废器材进行二次利用，对它们进行改造、拆解、重新组合，设计出一些新的实验。可以让学生参与到充分利用实验室器材的行动中来。例如，在学生自主的实验活动中，让他们利用原有的实验室器材或身边的物品开发实验，并把他们的实验"作品"充实到实验室中来。这样做，一方面能发动更多力量来充实实验资源；另一方面可以拉近物理学和生活实际的距离，让学生增加实验兴趣，提高学生的动手能力，提高其设计实验的创新能力。

三是开发数字化的科学探究实验室。数字化的探究实验室主要由"计算机数据采集系统"（DIS）及有丰富的数据分析与图形数据处理功能分析软件、声音传感器、温度传感器、电流传感器、力传感器、电压传感器、光电门传感器告示专用实验仪器等组成。学生在数字化的科学探究实验室，可以利用各种各样的探究仪器设备和工具，对问题设计实验进行探究。实验则是由学生自己设计实验步骤、进行实验，通过计算机实时测量、处理实验数据，分析实验结果，得出探究的结果。

数字化科学探究实验室的另一种形式为虚拟物理实验室。学校要开发、引进虚拟物理实验室。虚拟物理实验室真实再现各类物理探究性实验、验证性实验、训练性实验。虚拟物理实验室需要建立模拟仪器设备库、元器件、组件库和视频资料库等。学生在进行物理探究性学习或研究性学习时，可以在虚拟物理实验室进行科学探究活动。学生对用实验去探究问题的解决结果进行预测；针对实验的目的和实验的条件，利用虚拟实验室的设备、元件设计实验和制订实验的方案；操作实验并搜集实验的数据，对实验的数据进行分析处理；根据实验的现象和数据分析得出实验的结论，并对实验进行评估，最后写出实验研究报告。比较典型的虚拟物理实验室通过多媒体编程模拟各种实验器材，学生通过键盘和鼠标选择并移动虚拟仪器来搭建实验设备。利用虚拟物理实验室系统，不仅能克服实验条件的限制，而且整合了大量的视频和音频信息，虚拟实验生动的影像和音像能极大地吸引学生的注意力，提高模拟实验的有效性。

2. 物理实验教学流程

在物理实验教学中，实验教学流程的设计和实施对于学生的学习成效至关重要。以下对物理实验教学流程进行探讨：

（1）在课前阶段，教师需要对即将进行的分组实验教学内容进行详细的设计，明确教学方式、教学目标、教学过程，并确定实验内容。在实践中，教师应注意到，分组实验可能会占据课堂的大部分时间，导致学习成效未达到预期。因此，教师应提前将学习任务布置给学生，包括了解实验目标并对实验做出假设、确定实验步骤和注意适应、实验方案设计等。为了帮助学生做好课前准备和预习任务，教师可以利用教学平台将检测题、微视频等教学资源发送给学生，并让他们自主学习，完成并提交学习任务。教师在收到学生对学习任务的学习情况后，应根据实际情况对教学方式和实验分组、教学过程等进行适当调整，这是重构教学的过程。在这个阶段，教学平台成为学生之间、学生和教师之间沟通的重要桥梁。

（2）在课中阶段，教师应引导学生依次开始对自己的学习成果进行展示。每个小组的成员代表作为汇报人，以教师在课前布置的学习任务为主要汇报内容，包括实验设计、实验目的、实验步骤、实验注意事项、实验猜想、实验原理和实验器材等内容。汇报结束后，教师应对每组学生的汇报内容进行点评。在课堂上，教师应把握好时间，以便学生以小组合作的形式对实验进行深入探索。教师作为指导者和协助者，应引导学生自行开展讨论，并选择合理的实验器材、开展准确的操作，对数据进行处理从而得出结论。在实验过程中，教师应引导学生对产生的误差进行分析，对实验中需要改进和创新的地方进行讨论。教师与学生之间应加强交流，不断培养学生独立思考的能力。最后教师应对学生的课堂表现进行总结，并根据学生的表现进行评价和反馈。

（3）在课后阶段，实验报告和课后作业是学生必须完成的学习任务。教师应及时批改学生的实验报告和课后作业，并将结果反馈给学生。学生应根据自己的完成情况查漏补缺，加强学习不足的地方。教师可以根据不同学生的作业完成情况，开展适合不同学生的个性化辅导，并对自己在教学过程中的表现进行总结，为后面的实验课程积累经验。

3. 物理实验考核方式

教学评价作为衡量教学效果的关键环节，旨在发现教学过程中的不足并推动其不断完善。在这一过程中，教师、学生、教学目标和教材等要素均扮演着重要角色。评价不仅针对教师和学生的表现，更是对教学目标实现度的全面检验。因此，确立明确且科学的教学目标，是进行教学评价的前提与基础。为确保评价的有效性和客观性，各种评价形式包括诊断性评价、形成性评价以及终结性评价，均应紧密围绕教学目标展开。通过精准设定教学目标，学习者能够明确学习方向，合理安排学习内容，努力达到既定目标。同时，这也有助于学习者自我评价，发现自身与目标的差距，从而激发学习的主动性。此外，教学目标还为衡量和评价教师的教学质量和效果提供了标准。

在物理学科的实验教学评价中，这一原则得到了具体体现。实验教学评价不仅关注学生物理知识的掌握情况，还重视学生在实验操作技能和方法方面的表现。在当前的实验评价实践中，主要借鉴了一般教学评价的形式。具体操作为：设定特定的实验情境，学生在此情境下进行实验操作，教师则根据学生的操作过程和结果给予相应的评价，主要包括对学生实验理论掌握情况和操作能力的评估。物理实验考核方式主要包括以下类型：

（1）口头实验考核。口头实验这一考核方式突出表现在语言和思维层面，是通过语言呈现某些问题的情境，要求学生对此做出判断、分析、解释，从而对学生的实验知识和技能做出相应的评价。口头考核的最主要的形式便是师生交流，师生间就某一问题进行沟通与交流。教师在与学生的交流中，能够了解到实验中所存在的许多细节性的要素，这些都无法通过书面形式表达清楚，从而对学生做出较为全面的评价。

相较于其他形式的评价，口头实验考核具有简单、灵活的特点，尤其适用于检查学生的实验准备情况。口头实验考核的不足在于只能是基于理论上的评价，无法检验学生的实验操作技能，而且这一考核形式受主观因素的影响较大，其真实性和准确性有待考究。

（2）书面实验考核。书面实验考核是一种以卷面考核为主要形式的考核方法，其考核内容主要是以相应的文字、图表、符合等情境呈现出来，要求被考核者针对给定的情景和要求，完成对实验内容的表述。教师根据学生的作答情况，对其实验技能给以一定的评判，实验报告和纸笔测验是书面实验考核的两种主要形式。实验报告较为详细地呈现了实验的整个程序与流程，不仅包括实验目的、实验原理、实验过程与步骤、数据结果，还包括对实验现象和结果的分析，以及所得出的结论与心得体会，这些都构成了书面实验考核的重要依据。然而，其不足之处在于，实验报告是在实验完成之后形成的，是对实验过程的补充和完善，因而具有滞后性，这就难以保证实验报告的真实性和实验过程的一致性。

书面实验考核能够在某一程度上直观地反映出学生的实验水平，且因其成本低、效率高，故而是一种使用频率较高的考核方式。然而，物理实验教学的核心在于学生的动手操作和实践体验，而书面实验考核则缺少对必要的实践操作过程的考查，因而难以获得对操作技能的真实评价。此外，书面实验考核往往只能评估学生的实验知识和理论水平，而对学生的实验操作能力、实验思维能力和解决实际问题的能力等方面难以进行全面评估。因此，在物理实验教学中，书面实验考核应与其他形式的考核方法相结合，以全面评估学生的实验能力。例如，可以结合实验操作考核、小组讨论考核和课堂表现考核等方法，以形成对学生的综合评价。这样，既能充分评估学生的实验知识和理论水平，又能全面考查学生的实验操作能力、实验思维能力和解决实际问题的能力。同时，教师也应根据学生的实际情况，灵活运用各种考核方法，以提高考核的准确性和公平性。

（3）实验操作考核。实验操作考核较之以上两种考核形式，其考核的重心在于对学生实验操作过程的考查，它是通过设置特定的实验情境，让学生按照要求，参与实验的操作过程，教师根据学生的实验程序及步骤，从操作的规范性、准确性等方面，对学生实验技能水平进行考核评价。

实验操作考核的方式是以观察法为主，即教学观察学生实验操作的每一个环节，根据学生的实验表现，在以相应的标准为依据的基础上，给予学生客观真实的评价。观察法能够直观且及时地反映学生的实验操作能力，因而具有较高的信度和效度。

虽然传统的物理实验考核评价在一定程度上能够反映出学生物理实验理论及操作技能水平，但其过于注重实验的结果，而忽略了知识的建构及实验的过程；只关注学生的认知和操作，却忽略了对实验中所蕴含的态度、精神、情感的关注。

　　教学评价的目的在于从评价中获得反馈信息，用于指导教学；实验评价也不例外，是要基于评价，从评价中发现问题，在解决问题的过程中获得发展，提高物理实验操作能力和实验素养。因此，实验评价，也必须以认知、操作、情感为目标。

第二节　基于创客教育的课堂教学有效设计

一、创客教育的认知

　　随着科技的迅速发展和教育理念的变革，创客教育逐渐受到了广泛的关注。创客教育是一种注重实践、创新和协作的教育方式，旨在培养学生的创造力、解决问题的能力和团队合作精神。以下探讨创客教育的理念、实践方法，以及对学生的影响。

（一）创客教育的理念

　　创客教育的核心理念是"创新、实践、协作"，这一理念不仅挑战了传统的教育模式，更引领着学生走向主动探索与创造的未来。创客教育强调，学生不应仅仅是知识的被动接收者，而应当成为积极的参与者，甚至是引领者。

　　在创客教育的课堂上，学生被鼓励跳出固有的思维框架，以全新的视角审视问题，并尝试用前所未有的方式解决它们，这种创新思维的培养，不仅需要学生具备扎实的知识基础，更需要他们拥有勇于挑战、敢于尝试的精神。通过不断实践与创新，学生不仅能够锻炼自己的思维能力，更能为社会的进步与发展贡献自己的力量。

　　实践是创客教育的另一个重要环节。与传统的课堂教学不同，创客教育更加注重学生的动手实践。学生需要亲自参与到各种实际项目中，将所学的理论知识应用于实践之中，这种实践不仅能够帮助学生更好地理解和掌握知识，更能培养他们的实际操作能力和解决问题的能力。通过不断实践，学生将逐渐从知识的接受者转变为知识的应用者，从而真正实现知识的价值。

　　协作则是创客教育中不可或缺的环节。在创客教育的课堂上，学生往往需要组成小组，共同完成项目，这种团队协作不仅要求学生具备扎实的个人能力，更需要他们学会与他人沟通、协作和分享。通过协作，学生不仅能够锻炼自己的团队合作能力，更能培养自己的领导力和组织能力。同时，团队协作还能够帮助学生更好地认识自己，了解自己在团队中的位置和价值。

（二）创客教育的实践方法

创客教育作为一种新型的教育模式，其实践方法多种多样，旨在培养学生的创新精神和实践能力。其中，项目式学习、设计思维和创客空间是创客教育的三大核心实践方法。

第一，项目式学习。与传统的以知识传授为主的学习方式不同，项目式学习强调学生在解决实际问题中的主动学习和探索。教师会设计一些具有挑战性的项目，让学生在解决问题的过程中学习和成长，这种学习方式不仅培养了学生的实践能力，还激发了他们的学习兴趣和动力。例如，在学习编程时，教师可以设计一个"制作个性化网站"的项目，让学生自己动手，从需求分析、设计到编程实现，全过程都由学生自己完成。通过这种方式，学生不仅能够掌握编程知识，还能培养他们的创新思维和解决问题的能力。

第二，设计思维。设计思维注重的是过程而非结果，鼓励学生进行多角度、多层次的思考，这种思维方式对于培养学生的创新精神和解决问题的能力具有重要意义。例如，在解决城市交通拥堵问题时，学生可以运用设计思维，从乘客、司机、城市规划者等多个角度出发，提出创新的解决方案，如设计智能交通系统、推广共享单车等。

第三，创客空间。创客空间通常配备了丰富的工具和资源，如3D打印机、激光切割机、电子设备等，为学生提供了一个动手实践、创新创造的平台。在创客空间中，学生可以自由发挥想象力，将自己的创意转化为现实，这种实践体验对于培养学生的创新思维和实践能力至关重要。例如，在创客空间中，学生可以利用3D打印技术制作自己设计的模型，或者通过编程控制机器人完成特定任务，这些实践活动不仅能够让学生亲身体验到创新的乐趣，还能培养他们的动手能力和团队协作精神。

（三）创客教育对学生的影响

创客教育是一种以实践和创新为核心的教育理念，近年来在教育界引起了广泛的关注。创客教育鼓励学生通过动手实践，发现问题、解决问题，从而培养他们的创新思维和实践能力。创客教育对学生的影响深远，不仅体现在学术成绩上，更在于他们未来的生活和职业发展。

第一，创客教育培养了学生的创新思维。在创客教育的环境下，学生被鼓励去探索未知，挑战传统观念。通过参与各种创新项目，他们学会了从不同角度看待问题，并运用创造性思维找到独特的解决方案，这种创新思维的培养不仅有助于他们在学术领域取得更好的成绩，更能在未来的生活和工作中发挥巨大的作用。

第二，创客教育提高了学生的实践能力。在创客教育中，学生不仅需要掌握理论知识，更要将其应用于实践中。通过参与项目实践，他们学会了如何将所学知识转化为实际操作，从而提高了自己的实践能力，这种实践能力的培养不仅让他们在学习中更加得心应手，更能在未来的工作中迅速适应各种环境。

第三，创客教育还提高了学生的团队合作和沟通能力。在创客项目中，学生需要与同伴共同合作、分工协作，共同完成任务，这让他们学会了如何与他人有效沟通、如何在团队中发挥自己的优势，以及如何协调团队内部的矛盾和问题，这种团队合作和沟通能力的培养不仅对他们当前的学习有所帮助，更对他们未来的职业发展至关重要。

第四，创客教育激发了学生的兴趣和热情。在创客教育的环境下，学生可以根据自己的兴趣和爱好选择项目，从而更加投入地参与其中。通过动手实践和创新创造，他们体验到了学习的乐趣和成就感，从而更加热爱学习，这种对学习的热情和兴趣的培养不仅让他们在学习中更加积极主动，更能在未来的生活和工作中保持持续的学习和进步。

二、基于创客教育的课堂教学有效设计策略

随着科技日新月异和教育理念的不断演进，创客教育已成为教育领域备受瞩目的焦点。创客教育旨在激发学生的创新精神、实践能力和主动性，培养他们成为具备解决问题能力的未来人才。为确保创客教育在课堂教学中的有效实施，教育工作者需深入思考和探索相关策略。以下从多个维度探讨如何设计基于创客教育理念的课堂教学。

第一，明确教学目标与定位。创客教育强调学生的创新能力和实践能力。因此，课堂教学设计的首要任务是确立明确的教学目标和定位。教师应根据课程特点和学生实际情况，制定符合创客教育理念的教学目标，如培养学生的创新思维、团队协作能力和问题解决能力等。同时，教学内容须注重实践性和探究性，

让学生在解决问题的过程中学习和成长。

第二，创新教学方法与手段。创客教育强调学生的主体性和实践性。为激发学生的学习兴趣和主动性，教师需要在教学方法和手段上进行创新。例如，采用项目式学习、合作学习等教学模式，让学生在实践中学习和合作中成长。此外，利用现代教育技术手段如多媒体教学、网络教学等，为学生提供丰富多样的学习资源和便捷高效的学习途径。

第三，优化教学评价与反馈。在创客教育的课堂教学中，科学的教学评价和及时的反馈至关重要。教师应根据教学目标和定位制定符合创客教育理念的评价标准，如学生的创新能力、实践能力和团队协作能力等。同时，及时给予学生反馈，帮助他们认识自身不足并激发改进动力。在评价过程中，教师应注重过程性评价和结果性评价的结合，全面关注学生的学习过程和学习成果。

第四，构建良好的教学环境。创客教育的课堂教学需要一个良好的教学环境作为支撑，这个环境不仅包括物理环境如教室设施、教学工具等还需关注心理环境如师生关系、课堂氛围等。教师应致力于营造宽松、自由、和谐的学习氛围让学生在这个环境中充分发挥想象力和创造力，积极参与课堂教学活动，实现自我价值的最大化。

第五，加强师资培训与团队建设。实施创客教育的课堂教学需要教师具备较高的专业素养和创新能力。因此加强师资培训和团队建设显得尤为重要。学校应定期组织教师参加创客教育相关的培训和学习活动，提升教师的教育理念和教学能力。同时鼓励教师之间的合作与交流，共同探索创客教育的有效实施途径，形成一支具备创新精神和团队意识的教师团队。

第三节　"双减"背景下物理作业的有效设计

"双减"政策作为当前教育改革的核心所在，其贯彻实施旨在"减轻学生学习压力负担，赋能学科教育工作，使学生学习时间更加从容高效"①。而物理作业设计作为"双减"政策实施的重要阵地之一，能减轻学生的物理学习压力，加深学生的学习深度，继而推进物理作业设计的创新优化，确保其各项工作的开展符合"双减"政策的各项诉求。再加上物理传统作业设计工作中，存在题量

① 卢瑞根."双减"背景下物理作业有效设计研究［J］.高考，2022（34）：135.

过多、学习深度不足等问题，与"双减"政策的思想理念背道而驰，亦影响阻滞物理作业设计工作的创新优化，所以针对物理作业设计的创新优化势在必行。对此，以下结合"双减"政策对物理作业设计进行探讨。

一、"双减"背景下物理作业有效设计的意义

第一，有助于减少学生作业练习负担。在"双减"政策引导下，物理作业设计优化创新，能显著降低学生作业练习参与的负担压力，减少不必要的作业投放，帮助学生摆脱"题海"战术的困扰，满足"双减"政策作业减负的诉求。再加上物理作业设计实践"双减"政策，能进一步加深物理作业设计与学生个体间联系的紧密程度，联系课前预习、课堂练习和课后复习等不同阶段时期的作业设计诉求，投放一定量的物理作业，减少不必要的作业投放，保障"双减"政策作业设计数量控制的诉求能得到有效满足，实现学生学习压力的有效减轻。由此看来，"双减"政策引导的物理作业设计优化创新，有助于减轻学生作业练习的压力。

第二，有助于深化学生学习深度。"双减"政策渗透于物理作业设计，能提升物理作业设计的质量，实现作业练习导向学生深度学习，而不是机械性地完成各式各样的物理作业，这主要是因为"双减"政策影响下，物理作业设计越发注重学生个体作业设计工作的开展，同时以学生个体能力发展的诉求为方向不断调整作业设计的策略手段，保障学生能透过所参与的作业练习，获得实质性的发展提升，持续不断地深入学习物理知识内容，而不是停滞于浅表记忆各种物理答题技巧。所以"双减"政策的实施，有助于不断深化学生的学习深度，提升物理作业设计的质量。

第三，有助于创新作业设计形式。"双减"政策实施引导下，能进一步推进物理作业设计模式机制的创新优化。相较于传统的模式机制，"双减"政策贯彻实施影响下，物理教师为增效赋能设计物理作业，势必会融合现代科学技术，兼顾学生课堂内外以及理论与实践等多方面的综合学习诉求，推动物理作业数字化体系建构工作的开展，不再单单依靠纸媒为载体的传统作业设计模式机制，保障学生不同场景的作业练习参与诉求都能得到有效满足，发挥现代科学技术对物理作业设计形式的创新效能，最终满足"双减"政策对物理作业设计的要求。

二、"双减"背景下物理作业有效设计的策略

(一) 确立物理练习核心，严格控制作业设计数量

"双减"政策的核心理念之一为"减负"，避免过多的物理作业增加学生学习的压力，实现物理作业设计数量的有效控制，尽可能减少不必要的作业设计运用。对此，物理教师不妨从作业设计数量层面切入，根据课前、课堂以及课后三个阶段的知识学习诉求，精准设计物理作业，使学生能通过最少的作业练习，完成物理课堂重点核心内容的学习、理解、掌握以及实践。通过作业数量的减少，满足双减政策对物理作业数量上的要求。

(二) 采用作业分层设计手段，导向学生深度参与练习

"增效"作为物理作业设计实践"双减"政策的核心关键之一，同时也是物理教师强化物理作业加深学生学习深度的重要切入方向之一。而分层作业设计策略的运用能强化作业练习与学生个体能力的联系紧密程度，实现学生物理能力发展诉求，引导物理作业设计，加深学生练习思考的深度。对此，教师不妨运用分层作业设计策略，按照物理学科思维、学习参与表现以及作业设计诉求等为基准对学生进行分层，划分为优秀、良好、一般三个层次，然后再根据不同层次学生的知识能力以及学科技能情况，设置与之对应的作业设计目标，最后教师只需要围绕所设置的作业设计目标，应用特定的作业内容以及作业设计手段，为不同层次学生设置具体的物理作业即可，继而实现分层作业设计导向不同层次学生深度学习目标。

(三) 紧密联系生活实际，引导学生实践感悟理解

实践性作业也是物理优化作业设计，是导向学生深度学习的有效切入路径，这往往需要教师适当选择一些生活日常的案例，作为作业设计运用的内容，延伸丰富物理作业设计内容的同时导向学生联系生活实际，逐步开展实践性作业，实现实践性作业设计导向学生深度学习，而学生也能通过实践性作业的学习参与，不断加深自身对物理练习与生活实际的理解，持续丰富个人的作业实践运用经验，为日后物理知识处理生活中的问题打下基础。对此，物理教师不妨挑选一些生活化素材，作为物理作业设计的内容进行教学引进，并切实运用于对应的物理作业设计工作中，要求学生结合所设计的实践性作业，尝试处理生活中的一些物

理现象问题，调用自身的生活经验阅历，逐步参与到生活中问题的处理解决中，并在此过程中不断加深个人的知识理解深度，锻炼强化处理生活中物理问题的能力。

（四）结合学生能力发展诉求，设计探究类型物理作业

物理作业设计为满足"双减"政策的"增效赋能"诉求，亦可从设计探究性作业入手，利用学生感兴趣的探究性作业进行设计，满足学生自主探究学习的诉求，激发学生参与物理练习的兴趣，使学生主动利用作业加深自身学习深度，而不是被动地完成教师所布置的作业练习任务。对此，教师可以学生能力发展诉求为基准，根据学科建设目标，挑选一些学生较为感兴趣的内容进行探究性作业设计，让学生围绕教师所设置的探究性作业，合作发散思维进行自主探索学习，逐步尝试发展自身的学科思维能力以及核心素养，锤炼自身的物理问题探索思维能力，不再过多地依赖教师的帮助，以此来满足"双减"政策对物理作业设计"增效赋能"的要求。

（五）运用数字作业评价手段，深化学生作业练习所得

针对物理作业教评手段不足的情况，数字化作业设计运用为其解决相关问题提供了一条可行之道，同时数字化作业评价能提升物理作业评价的及时性，利于辅助学生及时反思自身的学习练习情况，有助于深化学生作业学习所得，是物理贯彻"双减"政策的"减负增效"思想的关键所在。对此，教师不妨运用数字化作业评价手段，予以学生最为及时的作业练习评价，引导学生及时反思回顾自身作业练习参与情况，巩固已取得的作业练习成效，并适当投放一些补充性的数字化作业，旨在辅助学生进行查漏补缺，二次巩固提升学生物理作业学习所得，以此来满足"双减"政策对物理作业设计增效赋能的目标要求。

第四节　物理教学多元评价的有效设计研究

"评价不仅仅是为了甄别与选拔，最重要的是促进学生的发展，激励学生不断前行。"① 多元的评价能更全面地反映学生的现状，给予学生更多肯定，从而激励学生的斗志。课堂教学是学生获取知识的主渠道，课堂评价是课堂教学过程

---

① 高国勇.利用多元评价，增强物理课堂教学效果［J］.考试周刊，2012（27）：145.

中不可缺少的环节和有效的教学手段。教师要灵活利用多元评价手段，它对于营造良好的学习氛围，激发学生的学习兴趣，调动学生学习的积极性，增强学生学习的自信心有重要的作用。因此，以下对物理教学多元评价的有效设计进行探讨。

一、物理教学的课堂评价

课堂评价是多元化评价的重要组成部分，教师对学生课堂表现进行记录与评价，根据学生身心特点调整督促鼓励方式，引导他们正确地认识自己，在学习和生活中逐步进行调整，并将感性习得的知识转变为理性习得。例如，在物理课堂中，专门准备了用于课堂评价的小印章，分别有"YES""SUPER""LOVE"三个等级，得分分别为1分、3分、5分，根据学生课堂表现给予不同评价，根据学生得分积累情况适当给予荣誉奖励和物品奖励。

课堂评价可从三大维度展开：首先，重视学生的课前准备情况，包括预习效果、课堂任务执行情况和学习道具准备等。鼓励学生在小组内展示他们的准备成果，并由小组长与教师共同进行印章评价，以此激励学生做好课前预习。其次，课堂中的纪律表现、学生的活跃程度及听、说、读、写能力亦应纳入评价范畴。在评价过程中，须考虑到学生性格及表现的多样性，如活泼好动的学生宜给予参与活动的认同与鼓励，而安静腼腆的学生则可在纪律方面给予肯定。对于后进学生，只要有进步表现，都应给予积极的鼓励。最后，关注学生在小组活动中的表现，如协助后进学生、参与表演和与他人协作学习等情况，并适时给予印章鼓励，这种积累式、针对性的课堂评价不仅有助于激发学生的学习兴趣，提高课堂效果，还能对其他课程的学习、学生性格的养成和能力的提升产生积极影响，从而在学生之间形成良性的竞争与互动氛围。

二、物理教学的档案袋评价

档案袋评价也可称为学生学习成长记录评价和学习档案评价等，通过收集学生日常出众作业让他们及时对自己的进步、出众之处加以回顾和反思，及时整理自己所想到或掌握到的学习方法。学习档案袋不仅可以让学生看到自己的进步，也能让教师及时掌握学生学习成果表现情况，对于家长而言也是了解学生情况的一种有效途径，这种有效记录无论是从学习评价角度还是从知识方法积累角度来看都有很多益处。学生作为建立自身档案袋的主要参与者，教师应当给予指导，方便他们更好地把握自身学习进步情况，在积累点滴进步的过程中培养自信心，养成良好的学习习惯，进而掌握学习技能，获得综合能力方面的全面成长。档案袋中内容有很多，比如个人荣誉记录本，记录自己所取得的进步荣誉，像教师给予的进步勋章、奖状、小红花或者教师口头评价赞扬等；可在档案袋中放入自己觉得满意的作业；课堂教学活动中自己所制作的物理小卡片或者活动记录等；学生每周的学校家庭联系表，家长评价和家长监督下学生课外物理学习情况自我评价等；学生定期填写的学习态度自我评价表和定期制订的学习计划及执行情况评价等，以上这些内容都可作为多元化评价的重要内容支持物理教学。

三、物理教学的发展性评价

发展性评价则是以促进学生全面发展为宗旨的教学评价，重点强调评价主体的多元化，强调个性化及差异性，使得定性评价及定量评价相结合，并在重视指标量化的同时更加关注不能直接量化的指标在评价中的作用。发展性评价是注重发展、动态及其未来的，将教学评价作为统一的整体，且注重学生个体过去及现在的变化，重视学生成绩及素质的变化，从这些差异分析中挖掘适合个人发展的教育方法。例如，可采用自编试题的方法，该方法是一种创造性学习活动，主要是对学生理解知识、掌握及运用的程度，在学习、生活中所遇到的问题作为素材，进而形成相关的问题，并通过推理及自己实验来验证这些问题。例如，在炎热的夏天里，在教室的地面上洒水可以有效降低室内的温度，可问学生是哪些原因；彩虹是由于光的折射所形成的，并根据这一自然形象让学生自己动手设计实验装置，从而验证这一形成过程。通过此种方法，可评价学生知识掌握度，还可运用所学的知识来探究生活中的实际问题，最终培养学生的实践能力及创造性思维能力。

第五节 物理教学中学案的有效设计与实施

一、物理教学中学案的有效设计

（一）学案有效设计应遵循的原则

1. 课时性原则

每节课 45 分钟，使用一个学案对应教材的内容的一节课，即课时学案。沪科版物理教材，有的一节课内容多，一节课中有多个完整的探究实验，把它设计到一个学案中，一节课的课时不够，即使勉强处理完，教学效果也不好，这就需要教师根据教学内容和学情，分课时设计学案。例如，可以根据学情可以把这节课分成两节课：第一节学习速度及简单的速度计算，第二节处理速度的实际应用——交通标志问题、出租车车票信息问题、列车时刻表问题等。分开设计后，教师既要考虑一节课的完整性，又要注意两个课时之间的相互联系。能够兼顾学生学习难度调整、活动时间控制、预习与复习的关联、知识学习不足的弥补等，可以更好地让学生掌握知识。

2. 导学性原则

学案是一种以学生自主学习为中心的教学辅助工具，旨在为学生提供清晰的学习目标、重难点、内容和流程，从而指导学生高效地学习。学案不仅是一种引导学生自主探究和建构知识的重要手段，而且涵盖了导思、导学、导练、导教等多个方面的功能。通过提供多角度的问题提示和丰富的方法指导，学案充分发挥了教师的主体作用，展现了教师的教学经验和智慧。在教师的有效指导下，学生能够真正发挥主体作用，提升自身的科学素养。

在设计学案时，课前预习和课上知识引导应发挥关键作用，使学生在学习过程中有所收获。教师需要提前一天将学案发放给学生，让他们在课前预习新课的主要知识，独立解决基础性问题，并对疑难问题进行标注。在第二天上课前，学生须提交预习学案，教师通过检查学案了解学生的学习状况，及时调整课堂教学，以满足学生的学习需求。

3. 层次性原则

学生在学习兴趣、速度、方式和能力方面存在个体差异，因此，教师在制定学案时应充分考虑这些因素。通过了解学生的兴趣、学习风格和准备水平，教师可以制定适应不同学生的学习目标，并设计相应的预习知识、课堂活动流程、当堂测试题、课下知识拓展和作业，这些内容都应体现在学案中，以满足学生的个性化学习需求。

4. 方法性原则

新课标评价重心是关注学生求知的过程和探究的过程，这就要求学案的设计不只给学生学习内容的要求和指导，更要给予学生必要的学法指导。如学案的自主学习部分，要明确地告诉学生阅读课本的第几页到第几页的哪些部分、用时几分钟、达到怎样的要求、教师如何评价、学生如何展示等，这样可以使学生的操作性更强，能够帮助学生形成积极的学习态度，掌握科学的学习方法，达到"授人以渔"的良好教育效果。

通过关注知识形成的过程和经历不同的情感体验，学案的设计从注重过程评价，关注学生发展的角度出发，让学生在教师的引导下积极主动地自主学习，合作探究，从而培养能力。通过学案导学，学生体会到学习过程中取得的进步和不足，调动了学生的积极性，提高了学习兴趣，培养了良好的学习习惯。

5. 探究性原则

科学探究是重要的教学方式和学生的学习目标，通过科学探究让学生经历与科学工作者进行科学探究相似的过程，学习知识，领悟方法，发展能力，体验乐趣。新课程以学生为主体的教学模式，要求学生通过自主探究，生生及师生的合作交流进行知识的意义建构和归纳，学案对科学探究过程的起到引导作用。

（二）学案有效设计的具体要求

依据物理课标和学科特点，体现科学性、目标性；突出科学探究，注重物理方法指导，体现探究性、导学性；尊重学生差异、强化多元发展，体现辅助性、层次性；合理预设、动态生成、倡导开放，体现发展性、创造性；重视自主探究、合作交流、主动建构，体现学生的主体性、主动性，以便达到"有效学习"，甚至"高效学习"的目的。

第一，紧跟时代发展，更新教学理念。以学生为主体，教师为主导的课程理念要求教师为学生的自主学习服务。学案是学生的自主学习的导航仪，指引着学生学习的方向。学案编制从学生自主学习的角度出发，利于学生自主探究和主动建构知识，体现导思、导做、导练的作用，给予学生多角度的问题提示、丰富的方法指导，凸显学生的主体作用，形成和发展学生科学素养。

第二，深入研究课程标准，全面掌握教材核心内容。课程标准不仅是教师进行教学活动的指导文件，也是教材内容编排的基准。在学案编制过程中，必须紧密围绕物理课程标准所规定的三维教学目标，精准地把握教学内容的重点与难点，深入探讨新旧知识之间的内在联系，同时对教学方法和学习方法进行研究，探索学习过程中的规律性，并充分挖掘情感教育因素。教师需要深刻理解教材编写者的设计意图，寻找课程标准与教材内容之间的契合点，识别教材编写的创新之处以及潜在问题，以便在教学实践中能够更好地运用教材，准确地实施课程标准的要求。

第三，对教材内容进行创新性整合，有效利用课程资源。学案的编制过程应当视为对教材内容进行创新性整合和再次开发的过程。教师须将教材中复杂、难以理解、抽象的知识点转化为学生易于掌握的具体知识，同时吸收和利用各种有利于学生全面发展的课程资源，将学案精心打造成为符合学生自主学习需求的优质教学材料，犹如"美味佳肴"，以辅助学生更加高效地学习。

第四，紧扣学习目标，知识动态生成。学案要以学习目标为中心，设置问题和学习流程。学习过程不是让学生对课本知识的简单复制，而是让学生的经历思维碰撞，问题的质疑的过程，是对科学探究过程的合理评价和积极反思以及对文本的批判，达到知识动态地生成的过程，学案所涉及知识点，要分层探究，由低到高，由易到难，由简到繁，螺旋状上升；教师要有序引导，有助于学生动态生成知识。

第六，研究编制格式，突出重点环节。根据学生的心理特点、认知规律以及课堂教学规律，学案设置的基本的格式包括：学习目标、重点难点、知识回顾、学法指导、学习内容、学习小结、当堂检测、作业布置、学习反思。学案要对学生学习内容中的科学探究活动有具体的、科学的设计，使学生的科学探究目标明确、更具可操作性；问题设置要有启发性和鼓舞性，对于重点知识应当丰富内容，切实起到学生学习的"拐杖"作用。适当添加激励性的语言，使学案更具人文性。

第七，精选例题练习，强化目标落实。根据学生学情及学习目标精心设计并选择合适的例题，并且分层设计落实巩固练习，使不同层次的学生都能获得相应的提高和发展，切忌不加选择的题海战术，以致造成课堂的低效。

（三）物理学案的有效设计

1. 物理学案有效设计的环节

物理学作为一门基础科学，对学生的科学素养和逻辑思维能力的培养具有举足轻重的作用。因此，设计一个有效的物理学案，对于提高教学质量和学生的学习效果至关重要。以下探讨物理学案有效设计的关键环节。

（1）明确教学目标。在设计物理学案时，先要明确教学目标，主要包括知识目标、能力目标和情感目标。首先，知识目标是指学生通过学习应掌握的基本物理概念和原理；其次，能力目标则是指学生应具备的实验操作能力、分析解决问题的能力等；最后，情感目标则强调培养学生对物理学的兴趣和热爱。明确的教学目标有助于教师有针对性地设计教学内容和方法，确保学生能够在各个方面得到全面发展。

（2）合理组织教学内容。在明确了教学目标之后，接下来要合理组织教学内容，主要包括选择适当的教学内容、安排教学顺序以及确定教学方法。在选择教学内容时，教师应根据学生的实际情况和教学目标，选取具有代表性、典型性和实用性的物理概念和原理。在安排教学顺序时，应遵循由浅入深、由易到难的原则，确保学生能够循序渐进地掌握知识。同时，教学方法的选择也非常重要，教师应根据学生的认知特点和兴趣爱好，灵活运用讲授、演示、实验等多种教学方法，激发学生的学习兴趣和积极性。

（3）注重实验与实践。物理学是一门实验性很强的科学，实验与实践是物理学案设计中不可或缺的环节。通过实验，学生可以直观地感知物理现象，加深对物理概念和原理的理解。因此，在设计物理学案时，应注重实验与实践的安排。教师可以根据学生的实际情况和教学目标，设计具有针对性的实验项目，让学生在亲身实践中感受物理学的魅力。同时，教师还应鼓励学生积极参与课外科技活动，如参加物理竞赛、开展物理研究等，以拓展学生的视野和提高实践能力。

（4）及时反馈与评价。设计有效的物理学案还需要注重学生的反馈与评价。通过及时收集学生的反馈意见，教师可以了解学生对教学内容的掌握情况、教学方法的适应性以及学习中的困惑和问题，这有助于教师及时调整教学策略，改进教学方法，以满足学生的学习需求。同时，评价也是物理学案设计中的重要环节。教师可以通过作业、测验、考试等多种方式对学生的学习效果进行评价，以便及时发现问题并采取相应措施进行补救。此外，教师还可以采用同伴评价、自我评价等多元化评价方式，让学生更加全面地认识自己的学习情况，激发其自我提升的动力。

（5）持续更新与优化。物理学作为一门不断发展的科学，其教学内容和方法也需要不断更新与优化。因此，在设计物理学案时，教师应保持敏锐的洞察力，关注物理学领域的最新研究成果和教学方法创新。同时，教师还应根据学生的实际情况和反馈意见，对物理学案进行持续改进和优化，这包括更新教学内容、调整教学方法、优化实验项目等。通过持续更新与优化，物理学案将更好地适应时代的发展和学生的需求，为提高教学质量和学生的学习效果发挥更大的作用。

2. 物理学案有效设计的方式

物理学是一门基于实验和理论的自然科学，其学科特点决定了在教学过程中，实验和实践的环节尤为重要。因此，一份有效的物理学案设计不仅能够帮助学生系统地掌握理论知识，还能够激发他们的实验兴趣，培养他们的实践能力。以下探讨有效的物理学案设计方式。

（1）明确教学目标。在设计物理学案时，首先要明确教学目标，这包括了解学生对物理知识的掌握程度，以及他们在实验和实践活动中的表现。通过明确教学目标，教师可以有针对性地设计教学内容和教学活动，使学案更加符合学生的实际需求。

（2）注重理论与实践相结合。物理学是一门理论与实践紧密结合的学科。因此，在设计物理学案时，应注重将理论知识与实验活动相结合，让学生在实践中加深对理论知识的理解和应用。例如，可以通过设计一些具有趣味性和实用性的实验项目，让学生在动手操作的过程中，感受物理学的魅力，从而提高他们的学习兴趣和实践能力。

（3）注重学生的个体差异。每个学生都有自己独特的学习方式和兴趣爱好。因此，在设计物理学案时，应注重学生的个体差异，提供多样化的学习资源和活动，以满足不同学生的学习需求。例如，可以通过设置不同难度级别的实验项目，让每个学生都能找到适合自己的学习内容，从而激发他们的学习热情。

（4）引入多媒体教学资源。随着科技的不断发展，多媒体教学资源已成为教学过程中的重要辅助工具。在设计物理学案时，可以引入多媒体教学资源，如视频、动画、图像等，使教学内容更加生动、形象、有趣，这些多媒体教学资源不仅可以激发学生的学习兴趣，还可以帮助他们更好地理解抽象的理论知识。

（5）注重评价与反馈。有效的物理学案设计需要注重评价与反馈。通过定期对学生进行考核和评价，教师可以了解学生的学习情况，发现存在的问题，并及时地调整教学策略。同时，教师还应鼓励学生进行自我评价和反思，让他们认识到自己的优点和不足，从而更好地指导他们进行学习和实践。

（6）引入前沿科技内容。物理学是一门不断发展的学科，新的理论和发现不断涌现。在设计物理学案时，可以引入一些前沿科技内容，让学生了解物理学领域的最新动态和发展趋势，这不仅可以开阔学生的视野，激发他们对物理学的兴趣，还可以培养他们的创新能力和探索精神。

二、物理教学中学案的有效实施

（一）对教师的具体要求

1. 课时学案，三次备课，集思广益与精益求精

第一次备课：根据教务处安排，在学期初就把将学案设计任务分配到人，要求各主备教师要认真研究课标及物理考纲，按教学进度提前两周完成学案设计任务，并于周五放学前发到校园教研网，通知备课组其他同事学习研究和修改。

第二次备课：每周四为教研活动时间（全天不安排物理课），为确定的教研研讨时间。利用上课前一周的集体备课时间，主备教师进行说课，说课内容包括课标要求、教学重难点及如何突破、学法指导，如何导入新课、知识点间如何过渡、解决重点的措施、突破难点的方法、知识、能力形成过程的步骤、问题的设置、练习的设置、目标实现情况预测等。主备教师同时准备出必要的学案、课件、教具等。研讨他提供的每节课时学案，采用的突出重点和突破难点的方法是否得当；设置的问题是否有层次、有梯度，是否适合本校学生的学情；哪些问题学生可以自行解决、哪些问题需要教师给予必要的点拨及友情提示等；当堂测试题目设计是否合理。

2. 学案导学，循序渐进，合作交流与动态生成

学案导学，循序渐进，就是学生在学案的引导之下，通过课前预习、课堂自主学习、科学探究、合作交流、展示反馈、课后拓展等学习活动，降低学生的学习难度，使其真正成为学习的主人，实现导学、导思、导练的目的。教师借助学案，由浅入深，由易到难，小台阶、低梯度，循序渐进地调动学生积极主动地参与教学过程，教师给予学生适时的指导和引导，合理地调控课堂教学中"教"与"学"，从而提高课堂教学效率，实现导教的目的。课堂引导精彩案例：力和运动的复习一、复习基本知识（设置情境，任务驱动）。

3. 及时反思，教学相长，交流共享与共同发展

每次教学结束后，教师要及时记录课堂教学中的闪光点、精彩片段以及教学中的困惑和不足，反思本节学案设计中的可取之处和不足，并对原稿进行及时补充和改进，为新一轮的教学做好准备。记录这些总结与反思又是教师撰写教学札记及论文的有效素材，持之以恒，教师的专业素质及教学能力就会得到提升，成

为学研型的教师。每位教师要把这些反思及时发到 QQ 交流群中，或者放到自己的微博上，以期获得更多的教学同人的帮助和交流，以便更快地提高自己的综合素质，达到教学相长。学案是物理教研组每位教师的智慧的结晶，组长要及时将学案整理归类，保存好电子稿，经过不断完善和积累，它将成为一笔宝贵的财富。

（二）学生对学案的有效利用

学生对学案的有效利用是提高物理学习效果的关键。学案作为教师智慧的结晶，为学生提供了系统的学习指导，有助于学生明确学习目标、把握难点、温故知新。在此基础上，学生应充分利用学案，通过课前预习、课上导学、学习反思等环节，不断提高自己的物理素养。

第一，课前预习是学生利用学案的重要环节。学生通过学案了解学习流程，明确要学习的目标、内容以及重难点。在预习过程中，学生应对生疏难以解决的问题进行标记，以便在课堂上与同学交流或向老师质疑。课前预习有助于提高学生的听课效率，为课堂学习打下坚实基础。

第二，课上导学是学生利用学案的核心环节。学生带着问题上课，听课的针对性更强。在课堂上，学生应积极参与小组讨论，将自学时的疑难问题拿出来共同解决。通过交流讨论，学生可以取长补短，形成良好的学习习惯。课上导学有助于提高学生的物理素养，培养学生的合作精神。

第三，学习反思是学生利用学案的重要补充。学生应在课后对所学内容进行回顾和升华，找出学习中的收获和不足。教师应引导学生进行相互交流，在互动中总结，让学生在知识、技能及情感态度、价值观等方面都能取得进步。通过学习反思，学生可以不断查缺补漏，发现潜能，体验成功。

第六章　实践探究视角下的物理教学

第一节　基于立德树人的物理教学实践

"教育是一个国家的发展的战略，具有基础性、全局性。"① 中国传统教育的核心理念之一是立德树人，强调培养学生的品德、智慧和能力，使其成为有道德、有文化、有才能的人。在物理教学中，立德树人理念的应用主要体现在以下方面：①品德教育。通过物理教学培养学生的道德观念与价值观念，并且引导学生树立正确的人生观、世界观和价值观。②实践能力培养。培养学生的实践能力和创新能力，通过物理实验和实践活动，提高学生的动手能力和实际操作能力。③思维能力培养。培养学生的逻辑能力、创新能力和批判性能力，提高学生的思维水平和解决问题的能力。

在推进立德树人的教育理念下，物理教学不再仅仅是传授知识，而是更深层次的培养学生的品德和能力。因此，制定和实施教学目标、内容以及方法都应当围绕着全面发展的理念展开。通过对教学目标、内容、方法的重新审视与实践，我们可以更好地落实立德树人的理念，实现学生的全面发展，提升教学效果。

一、制定与实施教学目标

物理教学目标的制定不仅仅局限于知识的传授，更应关注学生的品德和能力的培养。因此，在立德树人的理念下，制定教学目标须综合考虑学生的全面发展。教师应该设立目标，旨在不仅使学生掌握物理学科的基本概念、原理和方法，同时培养其创新意识、实践能力和合作精神。只有这样，才能真正实现教育的终极目标——培养德智体美劳全面发展的社会主义建设者和接班人。

---

① 李莉. 物理教学落实立德树人的途径探讨 [J]. 贵州教育, 2022 (18)：38.

二、设计与实施教学内容

在立德树人的理念下，物理教学内容的设计应当贴近学生的实际生活和社会需求，强调培养学生的实践能力和创新精神。教学内容不应局限于枯燥的理论，而应该通过生动、实用的案例，引导学生理解物理现象背后的原理，并将其运用到实际生活中。因此，教学内容应包括基础知识、实践应用以及创新思维等方面，以促进学生的多元发展，让他们在学习中感受到知识的力量，激发对物理学科的兴趣和探索欲望。

三、选择与实施教学方法

在立德树人的理念下，教学方法的选择与实施是至关重要的。教师应该通过问题导向、合作学习、实验探究以及多媒体教学等方式，激发学生的学习兴趣，引导他们积极参与到课堂活动中来。问题导向的教学方法能够激发学生的思维，培养他们的自主学习能力；合作学习则能够促进学生之间的交流与合作，培养他们的团队意识和合作精神；实验探究则是培养学生实践能力和创新精神的有效途径；而多媒体教学则能够丰富教学内容，提高学生的学习兴趣。通过多种教学方法的有机结合，可以更好地激发学生的学习潜能，实现教学目标的有效实现。

综上所述，基于立德树人的物理教学不仅关注知识的传授，更注重学生品德和能力的培养。通过合理制定和实施教学目标、内容以及方法，可以更好地促进学生的全面发展，提高教学效果，为社会培养更多德智体美劳全面发展的人才奠定坚实的基础。

第二节　课程思政融入物理教学的实践

课程思政是近年来在教育教学改革的实践当中，通过对思想政治理论课、综合素养课程和专业教育课程进行功能定位，推进思想政治理论课方式方法创新，在综合素养课程及专业课程中融入思想政治教育元素等一系列的改革措施来进一步发挥课堂教学的主渠道作用，增强全课程育人功能的综合育人理念。

课程思政作为一种全新育人模式，它充分发挥各类课程的思想政治教育功能，将各类课程与思想政治理论课同向同行、形成育人合力，共同提升学校立德树人的实践效果。全面推进课程思政建设就是要寓价值观引导于知识传授和能力培养之中，帮助学生塑造正确的世界观、人生观、价值观，实现知识传授与价值引领的融合，解决思政教育和专业教学"不同步"的问题。

"课程"凸显的是"立德树人"的教育性，"思政"凸显的是"立德树人"的价值性。不论是思政课程还是课程思政，归根结底都在于育人，其最核心是解决"培养什么人、怎样培养人、为谁培养人"的问题。从思政课程到课程思政绝不是简单的文字次序调换，通过从教育理念、课程理论等方面对两者进行比较，从而充分地理解课程思政的丰富内涵，深刻把握课程思政的价值意蕴，为两者的逻辑互构奠定基础。

课程思政作为一种全新的教育理念，旨在将思想政治教育融入各类课程之中，让学生在学习专业知识的同时，接受思想政治的熏陶和引领。其价值意蕴不仅体现在对学生的全面发展上，更在于对社会的深远影响。第一，课程思政有助于培养学生的综合素质。在传统的教育模式下，思想政治教育往往被孤立于专业课程之外，难以真正融入学生的日常生活中。而课程思政则将思想政治教育渗透到每一门课程中，使学生在学习专业知识的同时，也能够接受正确的价值观、世界观和人生观的引导。这种综合性的教育方式有助于培养学生的综合素质，使他们在掌握专业知识的同时，也具备较高的思想政治素养。第二，课程思政有助于促进社会的和谐发展。作为社会主义事业的建设者和接班人，当代学生应当具备正确的思想政治觉悟。课程思政通过将思想政治教育与专业课程相结合，使学生在学习专业知识的同时，也能够深刻理解和认同社会主义核心价值观，从而增强他们的社会责任感和使命感。这种教育理念有助于培养一批批具备高度思想政治觉悟的人才，为社会的和谐发展提供有力的支撑。第三，课程思政有助于推动教育事业的创新发展。课程思政作为一种全新的教育理念，突破了传统思想政治教育的局限，将思想政治教育与专业课程相结合，形成了一种全新的教育模式。这种教育模式不仅有助于培养学生的综合素质，更能够推动教育事业的创新发展。随着课程思政理念的深入推广和实践经验的不断积累，相信未来的教育事业将会迎来更加广阔的发展空间和更加美好的发展前景。

因此，为更好地发挥物理学科的育人职能，教师要采取措施将课程思政融入物理教学全过程。课程思政融入物理教学需要基于学科特点，从事实出发，将物理课程内涵的德育价值显性化，使物理知识与思政元素产生"化合反应"。构建物理教学全过程育人格局要做到课前做好准备，课上灵活实施，课后适当延伸。

一、做好课前准备，提高课程思政的计划性

要想提高物理学科的育人实效性，就要在课前做好充足的准备，有条不紊地将思政元素融入教学各环节。首先，确立教学目标，根据教学内容明确具体课时的价值立意，找到课堂育人方向；其次，依据教学目标挖掘思政元素，为落实课堂思政培养目标保驾护航。

第一，确定教学目标。教学目标是所有教学活动的起点和追求，统领整个教学活动的开展。在设计教学目标时将思政培养要求融入其中，可以为教师进行有针对性的课程思政提供有力线索。

第二，挖掘课程思政元素。挖掘物理课程蕴含的课程思政元素并将其渗透于教学各环节，是实现物理课程育人价值的认识基础与内在要求。物理课程的思政元素分布于教材的各个栏目之中，基于教材进行思政元素挖掘，不仅对于落实立德树人的根本任务、实现培根铸魂、启智增慧有着重要意义，而且还有利于教师深化教材理解，从而发挥教材"教书"和"育人"的双重效用。

二、完善课堂教学，突出课程思政的灵活性

教学目标的设计是否适切，思政元素是否契合教学内容与学生需求，课程思政的融入方式是否灵活、高效，最终都要在教学实践中进行检验。

第一，利用信息技术，创新课程思政融入方式。随着"互联网+"教育的发展，信息技术逐渐成为推动教学改革的重要力量。合理运用信息技术，可以丰富课程思政元素的呈现方式，提高课堂育人实效。在引入物理学家的故事与前沿科技时，利用多媒体播放相关纪录片与实况视频代替单调的语言叙述，可以真实、生动地展现科学家的奋斗历程与科技突破，从而促使学生获得更直观的学习体验。

第二，重视提问交流，引导学生在情感表达中深化价值理解。物理学具有深刻的思辨内涵，有利于学生拓宽思路、辩证思考。因此，教师要重视让学生主动思考与表达，在与他人的交流互动中取长补短、增长见识。①针对物理学家的错误观点进行讨论，通过不同观点的交流，变被动接收为主动建构，加深价值理解程度。②以社会议题为中心展开讨论。例如，当今发展迅速的电动汽车，有效缓解了尾气排放带来的环境危机，然而电动汽车对环境是否零污染，核能作为清洁

能源广泛用于发电、城市供暖等领域，但随着日本将核污水排入海洋，关于核能利用的利与弊越来越值得讨论。社会问题与生活息息相关，在物理课堂上引导学生围绕这些问题进行简单讨论，让学生意识到科学知识在政策制定中的重要作用，提高学生学习物理的幸福感与获得感，强化责任意识。

三、课后反思延伸，体现课程思政的连续性

在物理教学中融入课程思政，除了要重视课堂发力，还要保证课后适当延伸，通过利用网络育人平台、开展跨学科实践、开发校外隐性思政资源，促进学生树立正确的价值取向。

（一）利用网络育人平台进行教学

学生作为互联网的"原住民"，在网络环境的影响下，其思想观念的发展受到极大的影响。因此，重视利用网络平台实现思想引领与发展显得尤为重要。教师们可以通过各种网络工具，将最新的科技动态、社会进展等内容推送给学生，以唤起他们对国家、社会发展的兴趣与责任感。

在当今互联网时代，微信公众号成为教师与学生之间沟通的重要渠道。教师们可以在课后通过微信公众号向学生推送与所学知识相关的前沿动态，让学生了解国家最新的科技突破与攻关难题。这种信息的传递不仅能够开阔学生的视野，还能够激发他们的责任感与使命感。当学生意识到自己所学的知识与国家、社会的发展息息相关时，他们会更加珍视学习的过程，并且愿意为国家、社会的进步贡献自己的力量。

另外，专门的思政平台也为学生的思想引领提供了重要支持。以"学习强国"平台为例，其开设了"红色中国""学习科学"等专栏，为学生提供了广阔的学习空间。通过"红色中国"栏目，学生可以系统地学习革命历史、党史等内容，增强爱国主义情感，培养正确的历史观与价值观。而通过"学习科学"栏目，则可以了解国家科技前沿、当代科学家的故事等，从而拓宽视野，为自己的未来规划奠定基础。在这样的思政平台上，学生不仅可以获取知识，还可以借此思考人生的意义与价值。他们能够从中感受到国家、社会发展的脉动，认识到自己所承担的历史责任与使命。因此，学生应该积极利用这些网络平台，不仅仅是为了获取知识，更是为了在这个信息爆炸的时代中找到自己的定位，明确自己的人生目标与价值追求。

（二）深度开发校外隐性思政资源

进一步拓展思政教育时空，充分利用校外的思政资源，形成校内与校外一致的育人导向，对于提高育人实效有着重要的现实意义。

第一，充分利用乡土资源。乡土文化资源主要以本地区独特的娱乐方式、风俗习惯、景区建筑的形式呈现，体现着当地的文化底蕴与历史脉络。学生在课后以走访、查阅地方志、参观博物馆的方式，了解家乡的风俗习惯，以热爱家乡为家国情怀奠基。

第二，利用安全标语进行思政渗透。安全标语在用水、用电、交通等生活场景中随处可见，通过收集展示，运用物理知识对安全标语设置的原因与合理性进行分析，感受科技背后的人文关怀，培养学生用科学思维思考问题的意识与能力。例如高铁站候车的"请在安全线内候车"，体现了"流体压强与流速的关系"的物理原理。

将思政教育与物理课程相结合，是一种体现物理学科特殊教育价值的教学理念，其终极目标在于推动实现立德树人的核心教育任务。在教学前，教师需要精心设定教学目标，深入挖掘思政元素，以提升思政内容与物理教学的有机结合；在课堂上，教师应借助信息技术，通过提问与交流的方式，巧妙地将思政元素融入物理教学中；而在教学结束后，教师还须利用网络平台，开展跨学科实践活动，发掘并利用校外潜在的思政资源，使思政教育得以有效延伸。通过这样一套完整的思政教育体系，教师在教育教学的每一环节都能有效地传递正确的价值观，从而潜移默化地引导学生形成积极向上的理想信念。

第三节　运用微实验助力物理教学的实践研究

微实验作为教学手段之一，其概念在不同的教育领域和不同教师之间有着不同的解释和界定。微实验与微型实验、小实验含义相近，可以理解为：教师利用日常生活中常见的物品进行设计，创造规模与操作难度相对较低但仍具有明显和直观的物理现象的趣味实验。这种实验在物理教学中既可以辅助教学，也可以用于知识点的拓展，因其灵活运用于不同的课堂环节。学生通过观看教师示范和亲身实践，可以提升物理教学效果，加深对物理概念和规律的理解，并构建出更清晰的知识框架。

微实验的特点在于其规模小、操作简便，但依然能够呈现出明显的物理现象，这使得它在物理教学中具有很高的实用价值。首先，微实验可以有效地激发学生的学习兴趣。由于其有趣味性、直观性，能够引起学生的积极参与和热情探讨，从而提高他们的学习积极性。其次，微实验有助于学生理解和掌握物理概念和规律。通过观察和操作微实验，学生可以更直观地感受到物理现象，从而加深对物理知识的理解。再次，微实验可以提高学生的实践操作能力。在微实验中，学生需要亲自动手操作，这有助于培养他们的动手能力和实践能力。最后，微实验有助于拓展教学资源。教师可以根据教学需要，设计各种微实验，丰富教学内容，提高教学效果。

然而，微实验在实际应用中也存在一些问题和挑战。例如，微实验的设计和制作需要教师具备一定的物理知识和实验技能，微实验的推广和应用需要相应的教学设备和资源，微实验的教学效果需要教师和学生的共同努力才能实现。因此，在推广和应用微实验的过程中，我们需要关注这些问题，并寻找相应的解决办法。

一、物理微实验的特征与功能

（一）物理微实验的特征

微实验由于其独特的特点，是提升物理课堂效率、培养学生核心素养的有效手段。物理微实验除了结构简单、具有现象明显直观、充满趣味性的优势，还有以下的特征：

1. 来源广泛且成本低

微实验的材料来源广泛，可以涵盖生活中的常见物品或废品再利用，以及对实验室原有器材的创新改进。例如，利用直尺探究音调、响度的变化，利用矿泉水瓶侧壁扎孔来验证液体内部压强的存在，甚至结合手机智能软件来探究弹簧上力不突变等问题。这些材料来源的广泛性为微实验的设计提供了更多的实施场所，使得实验可以突破空间的限制，不仅在课堂上进行，还可以在生活中随时进行。

利用生活常见物品设计微实验，能够大幅度降低实验成本，从而消除了教师和学生对昂贵维修费用的担忧。这种低成本、易操作的实验方式鼓励学生大胆尝试、勇于创新，通过亲手制作和操作，培养学生的创新思维和实践能力，进一步提升他们的科学探究能力，助力其核心素养的全面发展。

2. 具有新、奇、疑特征

"新"是指用学生最熟悉的生活材料组建的他们生活经验中少有的结构或场合；"奇"是指微实验所呈现的现象是学生们料想之外的；"疑"是指学生对所看到的现象一时不能用已有的知识来解答。微实验的这一特点可以改善课堂结构，激发课堂上学生的活力，新奇的现象给学生以较强的刺激，从而促使学生产生强烈的学习动机，也能够在认识科学本质的基础上深化物理学对社会发展的认识，能够让学生敬畏自然、热爱自然，培养学生科学的态度与责任，全面发展核心素养。

3. 形神兼备突出学生主体

微实验之"微"，在于形式之精巧，而其实质则在于强调学生在学习过程中的主体地位。这进一步表明了微实验在物理教学中的重要价值和应用潜力，其核心理念在于突出学生的主体地位。微实验不仅能够通过教师的演示，使学生更直观地观察物理现象，更能够鼓励学生亲自设计实验、制订方案，并积极参与到实验探究的过程中。通过这样的方式，学生能够主动地探索物理规律，得出自己的结论，从而在物理课堂中实现真正的主体地位。

4. 结构直观可视并操作性强

自主设计或者改进原有装置的微实验通常可以直观真实看清结构，再结合教师简单介绍之后，每个学生很容易掌握操作办法，上手实践操作，通过在真实情境中能够实现从看到实验现象到亲手做出实验现象的转变，增加了实验参与感，体会了生活与科学的密切联系，锻炼了科学探究能力。同时教师设计的微实验也不是完美无缺的，学生因为能够参与实验操作，所以可能在实践过程中会提出改进的建议或者思考，在进行质疑创新时，学生的科学思维也得到良好的锻炼和发展。

（二）物理微实验的功能

针对当前物理实验教学存在的问题，例如，物理学科课时比其他主科课时少的情况下，教材知识内容并不少，使得很多教师只能压缩物理实验的时间，简化物理实验过程，这样的方法并不利于物理实验良好效果的展示和学生兴趣的培养。此外，在进行实验课时，部分教师为了保证实验顺利进行，通常会先给学生做出示范，然后学生按部就班地模仿教师操作进行实验探究。这样的方式虽然能得出正确的结果，但学生真正发动思维的时候较少，物理实验的真正意义却并不能很好地体现。而微实验的引入为实验教学改革注入了新的思路和方法。微实验具有来源广泛、成本低廉、新颖有趣、真实可信、操作感强等多种特点，有效地解决了学生兴趣低、动手操作机会少以及思维固化等教学难题。因此，我们应继续深入研究微实验在实际教学中的功能和价值，以更加科学合理的方式来丰富实验教学的形式和内容，提高教学效果和学生的学习兴趣。

1. 微实验可以助力创设情境

在课堂教学中，创设情境是非常重要的，因为它将影响学生参与学习的角色和状态。所以，让学生在什么样的环境中学习物理知识是教师首先要考虑的问题。微实验具有极强的亲民性，并且大多数取材都源于学生熟悉的生活材料。运用微实验助力情境创设能够增加情境的真实性，学生可以亲身体验，往往能够观察到"出乎意料"的现象，从而快速抓住学生眼球，聚焦学生的注意力。同时学生对新奇事物具有很强的好奇心，面对与日常生活经验相冲突的现象，更能激发他们的求知欲，愿意主动去探索原因。

2. 微实验可以助力实验探究

在物理教学中，实验是一种非常重要的教学手段，借助实验可以帮助学生认识知识的本质。然而，实际教学中常规实验室的器材往往具有固定的操作流程，限制了教师的个性化教学，并且无法展现一些物理知识点的细节。微实验在教学中能够灵活多样地运用，可以针对物理知识某个具体的"点"来设计实验，将一些抽象知识以具体生动的模型展现给学生。运用微实验助力实验探究能够弥补常规实验教学中的不足，为后续实验探究打下基础，提高物理课堂教学效率。教师可以运用生活实例或物品，结合涉及重难点的知识制作微实验，让学生在实践中获得知识，提高动手、动脑、动口的能力。

3. 微实验助力知识巩固拓展

在新时代的背景下，物理教学需要更贴近学生的生活、培养学生学以致用的意识。传统课堂上经常以习题考核学生对本节内容的掌握情况，这样的学习方式让学生只能得到纯数字和公式的枯燥感受。教材和习题册成了学生知识掌握的唯一途径，长此以往，物理也逐渐与生活脱离，知识不能"活用"。而通过微实验来巩固和拓展学生的知识，可以将生活素材融入其中，引导学生用已学知识解释生活现象，学生对具体的事物以自己的思维方式输出对已学知识点的理解，有效地促进知识由输入向输出的转变。由学生主动进行输出，是知识点从灌输向生长的转变，更能促进学生对知识点的理解和灵活应用，是帮助学生形成有机知识体系的重要方法。

二、微实验助力物理教学的具体策略

微实验是指利用简单的器材和实验装置，在短时间内进行的小规模实验。在物理教学中，微实验可以作为一种辅助教学手段，帮助学生更好地理解和掌握物理知识。

第一，利用微实验引入新知识。在物理教学中，引入新知识是至关重要的。教师可以通过微实验来引入新知识，让学生在实验中感受到物理现象的奇妙，从而激发学生的学习兴趣。例如，在引入光学知识时，教师可以让学生观察一张纸片的弯曲现象，让学生感受到光的折射现象，从而引出折射定律。

第二，利用微实验解释物理概念。物理概念往往比较抽象，学生难以理解。教师可以利用微实验来解释物理概念，让学生在实验中感受到物理概念的实际意义。例如，在讲解牛顿第一定律时，教师可以让学生在一张桌子上放置一个小球，然后突然抽掉桌子下面的支撑物，小球会滚下来。通过这个微实验，学生可以感受到物体在没有外力作用下会保持静止或匀速直线运动的状态，从而更好地理解牛顿第一定律。

第三，利用微实验演示物理现象。物理现象往往比较难以直观地观察，教师可以利用微实验来演示物理现象，让学生在实验中观察和理解物理现象。例如，在讲解电磁感应现象时，教师可以让学生在一个闭合回路中放置一个磁铁，然后迅速移动磁铁，回路中会产生电流。通过这个微实验，学生可以观察到电磁感应现象，从而更好地理解这个物理现象。

第四，利用微实验进行实验探究。实验探究是物理教学中非常重要的一部分。教师可以利用微实验进行实验探究，让学生在实验中探索和发现物理规律。例如，在讲解电路知识时，教师可以让学生使用电池、灯泡、导线等器材，自己搭建电路，并观察灯泡的亮度与电流、电压的关系。通过这个微实验，学生可以探索电路中的物理规律，从而更好地理解电路知识。

第五，利用微实验进行物理实验复习。在物理教学中，复习是非常重要的。教师可以利用微实验进行物理实验复习，让学生在实验中回顾和巩固已学的物理知识。例如，在复习力学实验时，教师可以让学生使用弹簧秤、滑轮等器材，进行简单的力学实验，并观察实验结果。通过这个微实验，学生可以回顾和巩固已学的力学知识，从而更好地掌握物理知识。

综上所述，微实验在物理教学中具有重要的作用。教师可以利用微实验引入新知识，解释物理概念，演示物理现象，进行实验探究和物理实验复习。但是，教师需要根据学生的实际情况和教学目标，选择合适的微实验，并注意微实验的安全性和可行性。

第四节　翻转课堂教学模式在物理教学中的实践

"随着我国教育的不断发展和进步，我国越来越重视物理这门学科的教学创新。"① 在教学的过程中，教师有必要不断地创新、完善自己的教学内容和教学方法，使自己的教学模式更加适应学生的学习需求，因为物理这门学科对于学生来说较为复杂，且难以理解，所以教师便需要构建出生动、有趣的课堂环节，利用翻转课堂帮助学生深化物理知识内容，将教材中的难以理解的物理知识实现简单化、直观化，使学生对物理这门学科的学习过程改观，并使其能够感受到物理知识的广泛性和趣味性。作为一种新的教学方式，翻转课堂运用了微课等多种媒介的教育平台和教育资源，对学生进行了积极的引导，目的是增强学生的学习意识和主动性，从而提升他们的学习效果。在物理课程中引入"翻转课堂"，既能适应新课程的需要，又能适应课堂的教学目标。

一、翻转课堂教学模式的认知

（一）翻转课堂教学模式的特征

翻转课堂是在教师课程开始之前按照教学计划、教学内容、教学重难点将微视频精心地设计和制作出来，学生可以在课下选择合适的环境自主学习教师制作好的微视频，然后在课堂上师生可以一起讨论、交流，解决自学时遇到的疑难问题或者课堂作业。这种新型教学方法即是"翻转课堂"，其特征如下：

1. 采用先学后教模式

翻转课堂是十分典型的一种先学后教的教学模式，在此种模式下，学生要在课程开始之前通过观看教师录制的视频或者是网络教学视频做笔记，完成相关的

---

① 吴娟. 翻转课堂模式在物理教学中的运用 [J]. 数理化解题研究，2022（20）：89.

作业。课堂开始后，学生可以将自己在自学过程中遇到的问题以及做作业时遇到的难题告知教师，和教师一起探究并最终解决问题。随着时代的发展和社会的进步，翻转课堂也要进行转型。在不改变"先学后教"顺序的同时融入新的方法和技术。以网络微视频为基础的先学后教是一种较为成功的教学范式。

与传统课堂以讲学稿、导学案为基础的先学后教模式相比，网络条件下由微视频主导的先学后教模式具有以下特征：①生动的讲解。和传统纸质的导学案相比，以视频呈现出来的教师讲解必定会更加生动形象，从而受到学生的欢迎和喜爱。②及时的反馈。与纸质导学案相比，由微视频主导的先学后教模式能够更加及时地得到学生的反馈。不管是课前学生自学情况的反馈，还是课堂上学生的学习反馈，教师都能够迅速得到。③容易检索和保存。相较于导学案而言，电子资料更加方便检索和保存，更加有利于学生的复习。但实际上，不管是导学案还是微视频，所采取的都是先学后教的模式，二者的原理相同。

2. 对学习流程进行重建

翻转课堂最外化或者说最明显的标志就是它颠倒了教学流程。学生的学习过程往往分成两个阶段：一是"信息传递"，这一阶段的实现离不开师生和生生之间的互动；二是"吸收内化"，这一阶段则由学生独立完成。因为课下没有同伴的帮助和教师的指导，因此学生常常会在第二阶段，即对知识进行内化吸收时产生深深的挫败感，从而打击自身学习的积极性，丧失学习的成就感。

翻转课堂模式的出现就重新建构了学生的学习过程。在课前，学生就已经完成了"信息传递"，并且学生在自学时能够看到教师的讲解视频，能够得到教师的在线指导；课堂上，教师会引导学生通过互动完成对知识的吸收和内化，教师通过了解学生的反馈能够给予学生更加有效的辅导，而同学们的彼此讨论交流无疑也对学生的知识内化起到了较好的促进作用。

3. 重新定位教师与学生角色

（1）教师角色发生转变。传统课堂教学常常被称作教师的"一言堂"，伴随着翻转课堂的兴起，这种现象得到了改善，教师一改以往刻板的知识传授者角色，转而成为学生学习的指导者与促进者。由此，学生的主体地位得以充分体现，学习主动性与积极性的发挥也成为影响学习效果的关键因素。但是，削弱教师的主导作用并不意味着教师在课堂教学中不再重要，而是要求教师转变自身的角色观念，并为学生的探究学习、小组学习等提供指导。

除此之外，在翻转课堂应用的背景下，教师还被赋予了教育资源提供者、教学视频设计与开发者的角色使命，尤其是在学生课前的自学阶段，以视频为主的学习资源的提供至关重要，学生需要通过这些资源掌握本堂课的相关知识点。课堂学习中，教师为学生的答疑解惑也需要依靠教学视频，以增强讲解的生动性，从而加深学生对知识点的理解。如此，教师便成为学生知识学习与应用中的"脚手架"。

（2）学生角色发生转变。学生原本就是学习的主角，这一观点在翻转课堂教学中得到了更正与强化，学生可以根据自身的知识水平、学习能力等调整学习进度，并且相对自由地选择学习地点和时间。在课堂上，学生可以通过协作学习、小组学习进行知识的吸收和内化。在课堂上学生也担当着知识生产者的角色，那些学习速度较快的学生也可以给予其他同学帮助，从而承担了一部分"教"的角色。

（3）新型师生关系的建立。不管是课前的自学还是课上的交流，其中心都是学生，学生能够自主掌握学习视频的进度，可以将内心的想法和问题与教师和同学们交流，他们在学习过程中比以往拥有更多的主动权，这是重新构建的和谐师生关系。翻转课堂对重构师生关系十分有利的原因在于，教师让学生自主选择探究题目，并独立完成探究过程，完成知识体系的建构，真正将学生视为学习过程的主体。

（二）翻转课堂教学模式的方法

1. 学生学的方法

（1）学生课前观看视频的方法。翻转课堂不同于传统教学课堂，它主要通过教学视频的方式来完成教师传授学生知识的过程。同时，这个过程是学生课前完成的。另外，学生课前通过教学视频来学习一些原理性、事实性的理论知识，从而对教学内容有一定的了解和学习。学生在课前观看教学视频的过程实际上是一个自我调控的过程。翻转课堂涉及的教学视频较短，一般控制在 7~10 分钟。在短的时间内需要完成基础理论知识的学习，需要一定的策略和方法。因此，学生课前观看教学视频需要掌握一定的策略和方法，具体分析如下：

第一，学生必须具有一定的自制力和控制力，这是顺利观看教学视频的基础和前提。因此，学生在观看教学视频时应该选择一个相对比较安静的环境，从而保障没有外界的干扰，以便于自身能够全神贯注地投入到视频观看中。

第二，结合自己的学习情况有选择对视频进行回看。同一个教学视频，不同的学生观看会遇到不同的问题。同时，部分学生在很短的时间内完成教学视频的观看，这样不仅捕捉不到教学视频中的核心知识，还不利于学生下一步的讨论与学习，更不利于提高自己独立探究能力。因此，在观看视频时，学生应该对自己负责，并根据自己的实际情况进行视频的观看与学习，必要时可以回看视频，从而真正掌握视频中的理论知识。

第三，在观看视频的过程中，学生应该认真做好笔记，笔记的内容可以是自己感兴趣的知识，可以是自己的比较疑惑的问题，也可以是一些具有探究性的深入问题。这一步在课前观看视频中起着十分重要的作用。

综上所述，学生在课前观看视频是需要掌握一定的策略和方法的，只有这样他们才能快速而有效地进行学习。

（2）学生进行独立探究的方法。独立探究策略凸显了学习的独立性、自主性、开放性，同时也凸显了教学的实践性。学生在课前观看视频时采用独立探究策略是十分重要的，这种探究策略也可以运用到实际的教学中，从而凸显学生的主体性。

随着经济全球化的不断发展，社会对探究型、创新型人才的需求更加强烈。因此在实际的生物教学中，教师应该多培养学生的独立探究意识，提高学生的独立探究能力，进而培养和提高学生的创新能力。而翻转课堂是适应当今时代的一种新型教学模式。在翻转课堂教学模式中，学生可以积极主动到参与到教学活动中，并进行独立探究的学习。同时，翻转课堂教学打破了传统的教师传授、学生被动接受的模式，它注重学生知识的获取过程。在翻转课堂中，教师也不再是教学的主导和中心，学生的主体性地位得以彰显。同时，在知识获取的过程中，学生自主学习和主动性代替了教师的传授知识的学习。另外，学生在独立探究过程中，遇到一些问题和困难是难免的，这时教师更应该发挥自身的引导作用，从而帮助学生理解和学习。更为重要的是，学生在独立探究过程中，能够体验到学习的乐趣，从而提高独立探究的热情。

2. 教师教的方法

（1）教师制作教学视频的方法。翻转课堂是否能够顺利实施，教学视频起着关键的作用。优秀教学视频的制作离不开优秀的教师。因此，教师在制作教学视频时，应该保障教学视频的可行性和高质量。教师在制作视频时可以结合自己已有的知识独立制作，也可以采用或参考网络上的一些高质量教学视频。教师在录制视频需要很多的辅助工具，其中截屏程序是必不可少的。截屏程序的作用主要是在教师录制完教学视频后，剪辑掉一些不需要的视频内容，从而完成对教学视频的修改和完善。同时，在录制视频的过程中，教师也可以借助网络摄像头来完成重点内容的录制。另外，教师为了突出重点和难点，需要在白板上进行作图时，可以借助数字笔通过注释的方式来完成。

综上所述，教师制作教学视频的质量直接关乎着教学效果的实现，因此，要想制作出高质量的视频，教师需要注意以下方面：

第一，从视频的时间上入手，保证视频的短小，确保视频时间控制在 10 分钟以内，具体的视频时间可以根据学生的实际情况来确定。

第二，保证声音有力、节奏适中、语气恰当、语言顺畅。只有这样才能激发学生学习的兴趣，进而吸引学生观看教学视频。另外，教师在录制视频时，可以根据情节需要，变换自己的语调、语气等。

第三，确保视频中语言的幽默性。教师可以根据实际需要适当增加一些幽默性的语言，这样能够调动学生学习的积极性。

（2）教师教学生观看视频的方法。如果教师制作高质量的教学视频是教学成功的关键，教师教学生观看视频是教学成功的基础。要想保证翻转课堂在网络课堂中实施的顺利性和效果的成效性，教师必须注重学生观看教学视频的策略。教师可以先让学生意识到观看视频的重要性，然后鼓励学生独立观看教学视频，最后通过一些具体的策略来引导学生如何观看教学视频。下面对学生如何观看教学视频做进一步分析。

第一，清除不利于学生观看教学视频的一切要素。例如，通常而言，学生在观看视频时习惯性地将其他无关网页打开，这时教师应该将这些不利因素及时清除。另外，在刚开始实施翻转课堂教学模式时，教师应该集体训练和传授学生如何观看教学视频，并对教学视频的控制进行讲解，如教给学生如何使用暂停键和倒键等。同时，教师应该引导学生悟出观看教学视频的真谛和价值，从而激发学生观看教学视频的兴趣。总之，教师应该提高学生对视频的控制能力。

第二，观看视频中如何做好笔记。教师应该让学生知晓，学生在观看视频时应该掌握做笔记的技巧，学生可以记录重难点，可以记录知识点，做好归纳和总结。

第三，鼓励学生寻找问题并提出问题。这样有利于了解学生的完成任务的情况，培养学生独立探究和学习的能力。

（3）教师进行课堂教学的方法。实施翻转课堂教学模式最重要的一步就是教师课堂教学的策略。只有教师组织好教学活动，通过教学策略的实施来促进学生完成学习任务，最终完成知识的建构。

在翻转课堂教学中，教师可以根据学生的实际情况以及教学内容采用不同的教学策略。例如，提问策略、实践性策略、合作讨论策略、共享策略等，从而保证翻转课堂的顺利实施。

总之，翻转课堂打破了传统的教学模式，注重学生的主体性，提高了学生自主学习和独立探究的能力。同时，在这一过程中，教师不再是权威者和主导者，而是教学活动的引导者和组织者。教育高效地利用课堂时间，有效地实施翻转课堂，需要具备稳固的知识、丰富的教学经验以及超强的管理能力。

（三）翻转课堂教学模式的要求

1. 教师方面的要求

教师在培养人的过程中，一直是属于引领者身份，不管是在翻转课堂教学模式中还是其他教学模式中，都希望能够为培养新时代的合格人才出一份力。因此，作为教师应该以身作则，敢于接受新教学模式的挑战。

（1）教学理念转变升级。相较于传统的教学模式，翻转课堂教学的新模式是随时代发展产生的新兴教学模式，在教学模式的推进过程中，教师从最开始的认真学习到积极实施，其中改变的不单单是教学模式，更是改变根深蒂固的教学理念。教师需要充分把握翻转课堂的教学内涵，翻转指的是知识内化及知识传授两个环节，而不是简简单单地传统化地观看课堂视频。相比于传统的教学模式，翻转课堂教学模式更加注重以学生为中心，而不是以教师为中心，应该切实从学生的反馈出发进行教育教学，充分发挥学生在教学过程中的主体地位，让学生能够积极投入学习课堂中。

（2）较高的信息化素养。翻转课堂教学模式的实施环节相较于传统教学模式更加复杂多样，包括制作课前视频、搜集课堂学习资源、组建课堂PPT，课上多媒体教学技术的使用等，都需要教师具有较高的信息化素养。

（3）教学设计能力的提高。翻转课堂教学模式主要是对时间和空间上知识传授以及内化两个阶段的翻转，知识传授环节的翻转体现在由课上翻转至课前，知识内化环节则是由课后变为课上。因此，教学设计的编排不只是在知识传授环节进行，知识内化环节更加需要巧妙的教学设计。教师在教学设计的过程中，应该将学生学习的反馈进行整合，创设合理的课堂情境，理清课堂思路和上课逻辑。种种迹象表明，相较于传统的教学设计，翻转课堂教学模式更具挑战性。

2. 学生方面的要求

在传统的教学课堂中，教师是占主体地位的，学生总是跟着教师的思想走，但是不同的是，在翻转课堂中，上课前，学生可以自主选择学习时间、地点及教学进程，还可以对一个内容反复学习。当学生在学习过程中产生疑问时，可以直接在课前或课中进行反馈，教师则进行针对性的解惑答疑。学生在自主学习的过程中，可以通过相互协作和讨论探究构建自己的知识体系，成为学习的主导者。在翻转课堂模式中，学生更容易获得成就感，能够大幅提升学生的自信心。但在一定程度上对于学生本身来说也是一个很大的挑战，需要学生转变学习方法，提高学习的技能。

（1）学生具备自主学习能力非常重要。传统课堂传输的教学理念是学生通过听讲学习知识，称为"学会知识"；相反，翻转课堂教学模式旨在引导学生"会学知识"。在进行教学的过程中，翻转课堂教学模式更加注重学生的自主性，在课前的视频学习及交流讨论环节时，学生要自己做主，对知识进行自我整合，注入已有的学习知识体系中，以自己的方式掌握知识，所以对于学习者来说，是极具挑战和锻炼自主学习能力的。另外，翻转课堂教学模式需要长时间的培养和引导，所以不太适合低年级的学生，高年级学生相对来说已经具备自主学习的条件，更加适合这种教学模式。但实践证明，对于高年级学生来说，翻转课堂教学模式的适应度不高，因为有一部分学生由于传统教学模式的影响，自主学习的能力不强，对于新模式的适应能力不够强，这样学习起来就相对困难，学习兴趣也就有所减弱。因此，新模式的实施面临着学生这一大挑战。

（2）学生具备与他人交流技能非常重要。进行互动讨论环节时，需要学生具备与他人沟通交流的技能。当同伴存在疑惑时，学生需要进行有条理的说事实、讲道理、给同伴答疑；当自己有疑问时，也需要自己通过准确的语言表达难处，便于同伴和老师能够明确问题进行答疑；抑或是在进行小组学习的过程中，需要协调好组内同伴的关系、领导好组内的成员，这也需要较强的沟通能力和技巧。通过翻转课堂教学模式，可以很大程度地提高学生的社交能力。

（3）学生具备信息化素养非常重要。数据时代到来，使电子设备不断普及，学习也进入了智能化的时代。本身就具备一定信息化素养的学生将更多的时间用在了娱乐游戏上，极少运用在学习中。对于专门的学习软件的使用，学生是生疏的，对软件的不熟悉导致学生运用的时间很少，大部分的学习工具需要教师或家长引导才能正常运用，因此这对于学生来说，就需要学生提高信息化素养。

（4）学生具备学会自我管理能力非常重要。在翻转课堂教学模式中，学生的自主权得到了保证，学生可以自主决定学习的时间、形式和进度。另外，学生的知识还可以借助电子设备和网络获得，所以，随着学习方式的不断完善，就需要学生自主决定自己在学习上花费的时间。在新的教学模式下，就需要学生能够合理分配好娱乐和学习时间。

二、翻转课堂教学模式在物理教学中的意义

（一）帮助学生形成自主学习的意识

在传统教育模式中，教师通常在课堂上进行详尽的讲解，而较少给予学生独立思考的机会。此外，课后作业的繁重也使得学生感到物理学习的单调和乏味。在这样的教学模式下，学生的自我思考和探索能力未能得到充分的培养，面对复杂问题时，他们往往过于依赖课本和教师，而非积极运用自身的思维能力。然而，翻转课堂的应用能够显著改变这一状况。在这种模式下，学生能够更积极地参与到课堂中，成为学习的主体，拥有更多的思考空间。这有助于他们逐步探索物理学习的深层含义，进而培养他们的独立学习能力和自我思考意识。

（二）能够有效激发学生的学习兴趣

在传统教学模式中，理论知识的学习先行，随后学生在课后进行消化。然而，往往学生在完成学习后，对物理知识的理解并不深刻。因此，当在消化阶段遇到挑战时，他们在进行练习时经常会遇到不会做的困境。为了优化这一学习过程，我们引入了翻转课堂的教学模式。在这种模式下，学生先进行预习，然后在课堂上进行深入的学习和理解，最后进行练习。这种教学方式不仅增强了学生的学习兴趣，还使他们能够在课堂上带着问题学习，从而激发他们对物理知识的热情和好奇心。

（三）可以不断丰富物理教学的方法

在物理教学的过程中，恰当运用有效的教学方法显得尤为关键。这种正确的应用不仅能够吸引学生的注意力，促使他们积极参与课堂学习，而且借助信息技术的支持，我们可以实施翻转课堂的教学模式。通过采用学生更感兴趣的方式展示视频课程，从而有效激发其学习积极性。此外，根据学生的发展特点，我们还

应该设置回放功能，以便学生进行复习。这些措施将进一步丰富物理教学方法，最终提升学生的学习效率。

（四）利于帮助学生进行复习与回顾

依托信息技术的力量，翻转课堂模式在物理教学中得以应用。学生在观看相关教学视频后，能够提出问题，教师则根据这些问题进行有针对性的解答，进而提升教学效率。具体而言，物理教学可划分为三大板块：首先，概念教学。该部分内容通常较为抽象，若仅依靠课堂时间进行讲解，学生理解吸收的时间有限，教学效果不尽如人意。其次，应用教学。学生若对物理失去兴趣，其学习效果将难有提升。翻转课堂通过微视频强化应用层面的讲解，结合学生的提问，加强与现实生活的联系，帮助学生更好地理解和掌握物理知识。最后，创造性教学。翻转课堂强调合作性学习和讨论，在学生对基础知识有充分理解的基础上，鼓励他们进行有创意的讨论和学习，从而有效地提高学生的学习效率。

三、翻转课堂教学模式在物理教学中的应用

（一）根本性转变教学理念

教育观念是指导教师教育实践的核心，对教育行为的效果与质量具有决定性影响。观察目前物理教学现状，多数教师依赖于板书加讲解的方式进行授课，这种模式导致课堂时间几乎全部消耗在教师输出上，学生独立思考与探索的机会极为有限，从而影响了学习效率。在这种背景下，引入"翻转课堂"模式，可促使学生在学习过程中充分发挥主体性和主观能动性，激发学习兴趣。因此，制作教学视频时，教师应以创新教育理念为指导，调动学生的积极性。

（二）制作高品质教学课件

实现翻转课堂的前提是教师能够制作出高品质的教学课件。高品质课件不仅有利于提高课堂教学质量，而且能有效实现教学目标。与传统教学模式中仅通过例证向学生传授教材内容的课件相比，翻转课堂的课件应利用现代互联网和计算机技术，设计出具有微课特点的课件，以便对物理教科书中的基础知识进行提炼和拓展。此外，通过视频形式，将抽象知识具象化，帮助学生更好地理解和掌握，从而加深他们对知识内容的理解和掌握。

在翻转课堂模式中，对课件质量的要求更为严格。教师不仅要阐述课程的主

要知识点，还须引导学生深入思考，指明思考方向。例如，通过微课形式，帮助学生更好地理解透镜特性及其使用原则，进而引导学生分析和挖掘有关规律。将学生分成不同学习小组进行讨论，激发思维发散和集体智慧，培养学生对物理知识的探究欲望，提高他们对物理学习的兴趣，确保教学目标的有效实现。鉴于学生之间在知识理解和学习能力上的差异，课后复习显得尤为重要。微课的特点在于突破了时间和空间的限制，教师只须将其上传至学习平台，学生便可以随时复习，这极大地便利了学生的记忆过程。

（三）强化物理知识与生活实际的联系

物理学是一门与人们的日常生活紧密相连的学科。在翻转课堂教学中，将物理知识与实际生活结合起来，可以激发学生对物理学习的兴趣，提高他们对物理知识的理解能力，并鼓励他们探索生活中的物理现象，从而促进学以致用，提升与物理知识相关的实践技能。

第五节 现代教育技术与物理教学交互对接的实践

在科技飞速发展的当今时代，现代教育技术在教育领域中的应用日益广泛，为教育教学改革提供了新的动力。物理课程作为我国基础教育的重要组成部分，如何与现代教育技术进行有效对接、提高教学质量，成为亟待解决的问题。

一、现代教育技术与物理教学交互对接的意义

（一）突破传统教学模式

在传统的物理教学模式中，教师是知识的传递者，学生则是被动的接受者。这种模式往往忽略了学生的主动性和创造性，使得教学过程变得枯燥且缺乏互动性。然而，随着现代教育技术的引入，物理教学正经历着一场深刻的变革。多媒体教学、网络教学等新型教学模式的应用，不仅改变了教学内容的呈现方式，也改变了教与学的关系。通过视频、动画、模拟实验等形式，物理知识变得更加直观和生动，学生的学习兴趣得以提高，教学的趣味性和互动性也随之增强。这种以学生为中心的教学模式，更有利于培养学生的创新思维和实践能力。

（二）丰富物理教学资源

现代教育技术为物理教学提供了前所未有的丰富资源。电子教材、网络资

源、虚拟实验室、实验模拟软件等，这些数字化的教学资源具有高度的可访问性和互动性。它们可以帮助学生更好地理解抽象的物理概念和复杂的物理过程，同时也为教师提供了更多的教学工具和方法。教师可以根据教学需要，灵活地整合和利用这些资源，设计出更具吸引力和效果的教学活动。此外，教师还可以通过在线论坛、博客等平台，与其他教师交流教学经验，共同提升教学质量。

（三）提高物理教学效率

现代教育技术的信息处理、传递和反馈功能，极大地提高了物理教学的效率。多媒体课件可以将复杂的物理公式和理论以图表、动画等形式直观展示，帮助学生快速理解和记忆。网络教学平台则可以实现教学资源的即时更新和共享，确保学生能够获取最新的学习资料。同时，智能教学系统可以通过分析学生的学习数据，为教师提供个性化的教学建议，使教学更加精准和高效。此外，现代教育技术还能够实现对学生学习情况的实时监控和评估，帮助教师及时调整教学策略，确保每个学生都能得到适合自己的教育。

（四）促进教育教学公平

现代教育技术的发展和普及，为解决教育资源不均的问题提供了可能。通过网络教学平台，优质的物理教学资源可以跨越地域限制，惠及更多的学生。这不仅有助于缩小城乡、区域之间的教育差距，也为实现教育公平提供了技术支持。远程教育和在线课程的普及，使得那些地理位置偏远或经济条件较差的学生，也能够享受到高质量的教育资源。此外，现代教育技术还为特殊教育提供了新的可能性，如听力障碍或视力障碍的学生，可以通过特殊的辅助设备和技术，更好地参与到物理学习中。

二、现代教育技术与物理教学交互对接的策略

（一）加强师资培训

在现代教育技术与物理教学交互对接的过程中，师资培训是关键环节。学校和教育部门应加大对教师的培训力度，提高教师对现代教育技术的认识和运用能力。培训内容应包括多媒体教学、网络教学、虚拟实验等现代教育技术的应用，以及教育教学理念的更新。通过培训，使教师能够熟练地运用现代教育技术开展物理教学，提高教学效果。

（二） 建设数字化教学资源

数字化教学资源是现代教育技术与物理教学交互对接的重要基础。学校和教育部门应投入资金，建设数字化物理教学资源库，为教师和学生提供丰富的教学资源。资源库包括电子教材、教学课件、实验模拟软件、在线试题等。同时，鼓励教师自制教学资源，提高资源的应用性和针对性。

（三） 推动教学模式改革

教学模式改革是实现现代教育技术与物理教学有效对接的核心。学校应鼓励教师尝试新型教学模式，如多媒体教学、网络教学、混合式教学等。这些教学模式有助于提高学生的学习兴趣，增强教学的趣味性和互动性。同时，加强对教学模式的研究和总结，为物理教学改革提供理论支持。

（四） 强化实践教学

物理课程具有很强的实践性，学校应加强实验室建设，提高实验设备水平，鼓励学生参与实验实践。同时，利用现代教育技术开展虚拟实验，提高实验教学的趣味性和互动性。虚拟实验可以为学生提供更加直观、生动的实验体验，有助于提高学生的实践能力和创新能力。

（五） 建立多元化评价体系

多元化评价体系是全面评估学生学习情况的重要手段。学校应建立包括过程性评价、终结性评价和实践能力评价在内的多元化评价体系。过程性评价关注学生在学习过程中的表现，终结性评价关注学生的最终成绩，实践能力评价关注学生的实际操作能力。同时，利用现代教育技术实现对学生学习情况的实时监控和评估，为教师提供有针对性的教学建议。

（六） 加强校企合作

校企合作是实现现代教育技术与物理教学交互对接的有效途径。学校与企业开展合作，将企业先进的技术资源引入物理教学，提高学生的实践能力和创新能力。同时，企业可以为学校提供实习和实践基地，为学生提供更多的实践机会。此外，企业还可以参与学校的教育教学改革，为物理教学提供有力的支持。

参考文献

［1］柴宏良．例谈指向物理核心素养的课堂实验教学主张［J］．物理教学，2021，43（5）：24-28．

［2］陈连余．回归物理教学的原点［J］．物理教学，2014，36（3）：15-16，5．

［3］陈旭东．创设教学情境提升物理教学［J］．下一代，2023（7）：65-67．

［4］冯爽．指向核心素养的物理单元教学设计策略研究［J］．物理教学，2020，42（7）：15-18．

［5］高国勇．利用多元评价，增强物理课堂教学效果［J］．考试周刊，2012（27）：145．

［6］胡庆英．物理"自学指导教学法"浅尝［J］．课程教育研究（新教师教学），2012（12）：40．

［7］蒋迎升．物理教学中学生创新思维能力的培养刍论［J］．成才之路，2022（29）：61-64．

［8］李红伟．基于问题解决的科学思维培养教学策略思考［J］．物理教师，2023，44（5）：9-15．

［9］李莉．物理教学落实立德树人的途径探讨［J］．贵州教育，2022（18）：38．

［10］李玉文．移动互联网的物理教学创新实践［J］．集成电路应用，2022，39（7）：118-119．

［11］李云芳．物理教学中的德育教育［J］．学周刊（A），2012（9）：199．

［12］梁友彬．关于物理学习方法的指导策略［J］．科普童话·新课堂（上），2017（7）：44．

［13］梁占忠．浅谈物理教学中学习方法的指导［J］．教育研究与评论（课堂观察），2016（7）：82-84．

［14］刘峃，范宏，宋海岩．物理教学与思维创新［M］．北京：北京日报出版社，2018．

［15］刘敏 . 如何提高物理课堂教学效率［J］. 新课程，2023（11）：61-63.

［16］刘淑红 . 物理教学方法之我见［J］. 中国校外教育（中旬刊），2015（3）：116-116.

［17］卢瑞根 ."双减"背景下物理作业有效设计研究［J］. 高考，2022（34）：135.

［18］王宏伟 . 教学中的物理思维培养［J］. 商，2014（12）：293-293.

［19］吴娟 . 翻转课堂模式在物理教学中的运用［J］. 数理化解题研究，2022（20）：89.

［20］谢丽娜 . 物理教学要联系科学前沿［J］. 教育，2019（9）：39.

［21］徐银虎 . 物理教学中学生多元智力培养方法［J］. 文理导航，2023（2）：58.

［22］闫战民，李奎武，朱玉廷 . 核心素养下的课堂教学［M］. 沈阳：辽宁大学出版社，2018.

［23］杨璐 . 新课程背景下物理课堂问答的艺术［J］. 学周刊，2019（16）：91.

［24］易毅 . 核心素养下物理大单元教学设计研究［J］. 生活教育，2023（8）：13-15.

［25］张志英 . 物理教学特点及对策［J］. 才智，2012（6）：129.

［26］赵洁 . 基于核心素养的物理学科能力探究［M］. 北京：现代出版社，2019.

［27］郑青岳 . 以大概念理念改善物理教学［J］. 中学物理教学参考，2020（10）：1-3.

［28］郑胜利 . 浅谈物理教学中学生创新能力的培养［J］. 试题与研究（新课程论坛），2011（18）：92.

［29］周倩 . 以实验创新促进思维创新的物理教学探索［J］. 数理化解题研究，2023（3）：71-73.

［30］邹存清 . 课堂教学中物理思维能力与创新意识的培养［J］. 考试周刊，2016（17）：135-135，150.